蒋经国

说明书

Instructions

一个台湾奇迹的制造者。
一个台湾民主的设计者。

据《联合报》民调，
蒋经国先生是对台湾发展贡献最大的“总统”，
也是台湾民主的设计师。

不要因为他是“总统”，
而读这本书；
不要因为他不是“总统”，
而不读他的书。

蒋经国画传

师永刚　方旭　编著

CNS PUBLISHING & MEDIA 中南出版传媒
湖南文艺出版社
HUNAN LITERATURE AND ART PUBLISHING HOUSE
博集天卷 CS-BOOKY

“我不知道天堂是什么样子，也不知道地狱在哪里，不过我自己觉得，没有偷懒骗人，并且做一些好事，心里就觉得很舒服，那就好像生活在天堂里。如果做了对不起别人的事，即使吃得好，穿得好，还是好像生活在地狱里。”

蒋经国词条

蒋经国能够名垂史册，除了因为父贵子荣的历史家传，更重要的是他对蒋介石的背叛，对他的信仰的背叛，以及他设计的身后台湾的未来。他一生中最重要的身份首先是蒋介石的儿子，其次才是台湾地区第六、第七任领导人。这位自小喜欢写作的浙江奉化溪口人氏，出版过许多著作，如果不是有个当领导人的父亲，也许他是个好作家。他一生中的著作包括了《我的生活》《我的父亲》《负重致远》《蒋经国先生言论著述汇编》等。他的散文著作《风雨中的宁静》据称是那个时代的超级畅销书。他的写作风格细密，有着南方的绵密柔软，但气象也算万千，充满自省与竭力成为伟人的努力痕迹，是一本真诚之作。

蒋经国的名字代表着他的历史与革命的路线。1910年4月27日他出生的时候，蒋介石给他取名为存西。其后的名“经国”则代表着老蒋对于这个长子的期望。他一生中还有一个著名的外国名字，俄文名尼古拉·维拉迪米洛维奇·伊利扎洛夫（Николай Владимирович Елизаров）。尼古拉同志的名字代表着他在这个国家12年的特殊生涯。他从一个15岁的少年长成27岁的青年。在这宝贵的12年里，苏联给他留下了深切的记忆。他不但娶了一个苏联媳妇芬娜（即蒋方良），在苏联生了一个孩子，更重要的是苏联思维给他的一生留下的影响。他的赣南实验所创造的苏式治理、模仿筹建共青团模式的三青团（三民主义青年团的简称），以及其后在国民党军队与台湾治理体系中影响至巨的政战系统、使台湾成为“亚洲四小龙”的所谓十大建设等，都是这12年经验的再使用，只是他是以国民党的名义使用这种共产主义的计划经济试验，并且成功了。当然，为了区别于他的父亲，台湾人给他取了另一个名字：小蒋。

蒋经国的信仰分裂，史论无法将其完整归纳。叛徒、信徒、使徒？哈佛大学的一位教授称他是一个“复杂的历史人物，无法归类”。他的一生都是在否定与背叛自己。他最早是个激进的青年，在15岁时，也就是1925年，他参加五卅运动，走在游行队伍的最前列。而他的父亲则是当时政府的一个头面人物。这个激进的革命青年，受吴稚晖启发，前往苏联莫斯科中山大学学习。同学中有比他大六岁的邓小平。在苏期间，他正式加入联共（布）。而在离开中国时，他的父亲蒋介石要他秘密加入了国民党。这个国民党员迅速地忘记了自己的身份。他是父亲的背叛者，不管真假，在苏联时期，小蒋公开与反共的蒋介石划清了身份，但12年后他回到父亲的身边，又重新加入了国民党。这种身份的互换并没有换掉小蒋与老蒋的亲情，也没有换掉他对于国民党的认同。其后在信仰问题上，据称已信教的老蒋也使小蒋归化。

蒋经国终其一生都在两种倾向中晃动。他骨子里的苏式思维，使他在事实上与美国保持着相当的距离，但表面上的亲美又使他对苏联有着深切的反感。

这个中国台湾最复杂的领导者，曾用特务极权保固蒋家统治，破坏中共台湾地下网络，囚孙立人，驱元老，固地位，放张学良……但他却称，自他之后，蒋家人不再参与政治。

他为什么会开放报禁、党禁？他为什么会用一生捍卫蒋家天下，但却在最后迅速打碎？他背叛了自己信仰的三民主义，甚至背叛了家传治国的皇帝理念，自他之后，台湾再无家天下，也无党天下。

他是蒋介石的背叛者？是国民党的背叛者？是共产主义的背叛者？是中国的背叛者？这个复杂的统治者，最后选了一个同样埋葬国民党的接班人李登辉。他真是可怕，万里挑一选出了这样一个埋伏得如此深的“台独”分子。这也许是对他的背叛最好的讽刺。

蒋经国是台湾的戈尔巴乔夫？幸运的是，在他身后，反对他与拥护他的人都称他：台湾最好的独裁者。

蒋经国生命中最重要的女人是他在苏联的“纪念品”：蒋方良。这个女人给他生了四个孩子：蒋孝文、蒋孝武、蒋孝勇、蒋孝章。但私下里，蒋仍然做了男人最容易犯的错事。他与自己的秘书章亚若的私情是他对芬娜最大的背叛。这个背叛的结果是他有了两个私生子：蒋孝严、蒋孝慈。在他的公开的情史里，还包括他在苏联时期与冯玉祥之女短暂的第一段婚姻。

他在自己去世（1988年1月13日）前一年，仿佛赶路似的将所有自己以前反对的事，全部开禁——开放老兵探亲、开启两岸和解之门、开放报禁、开放党禁、结束“戒严”、自由民主选举。然后，他在台北病逝。

他的遗体与父亲蒋介石一起安放于桃园县大溪镇。所不同的是，《人民日报》上刊载了对这对父子的不同评价。这份报纸在他的父亲去世的时候，用了冷冰冰的字眼：蒋介石死了。蒋经国则得到了它的公正说法：肯定了蒋经国先生坚持一个中国，反对“台湾独立”，主张国家统一，表示要向历史做出交代，并为两岸关系的缓和做出一定的努力这一系列行动。台湾人对于这位给他们留下一个新制度的独裁者给予了较高的分数：迄今为止，在对以往几位台湾领导人的民调中，他仍是最受台湾民众肯定的一位。

蒋经国终年 78 岁。蒋家后人零散于世界。从事设计的蒋家第四代蒋友柏曾制作了蒋介石与蒋经国的人偶头像出售。这些人偶头像已成为两岸最抢手的时尚用品。

“什么是爱？真正的爱，就是‘广慈博爱’。……真正的爱情是超越了爱个人、爱家庭的范围，而寄托在爱人类、爱国家的上面的。……什么是美？美就是理想，就是希望，从来没有不美的理想、不美的希望的。……什么是笑？笑是快乐的表示，笑是一切的原动力；真正的笑，就是对革命的乐观，对工作的快乐，对事业的兴奋。

所谓‘力’，就是力量、力气、努力、能力、力行的力。世界上的一切进步，是力创造的。……唯有‘力’，才可以‘爱’，才可以‘美’，才可以‘笑’。……‘爱’‘美’‘笑’‘力’，相互关系，相互促进。”

PRES

目 录

"血流到了地上，仇恨就再也化解不掉了。"

1979年《美丽岛》事件之后，蒋经国曾拟将施明德、黄信介等人以重罪处死，但终因亲信一句劝告"血流到了地上，仇恨就再也化解不掉了"而改弦，仅判重刑。1987年正式解严，开放党禁，越明年，去世。

第一卷　蒋家的革命青年

- 溪口蒋家盐铺，诞生了两位影响中国近代历史发展的领袖级人物。蒋介石塾师再教经国，评价小蒋“天资虽不甚高，然颇好诵读”

- 上海求学，蒋氏要经国“力学英文”。读曾国藩，深学《孟子》

- “左”倾激进革命青年蒋经国五卅惨案间连续四次跳到示威最前线并被捕，被开除学籍，到京再示威，再被捕。经苏联顾问鲍罗廷推荐，赴苏留学，看看“共产主义的天堂”

▶ 青年时期的蒋经国受到蒋介石亲苏态度的浸染，把苏联当作“美好的天堂”，油然向往。在苏联顾问鲍罗廷的推荐下，小蒋成为350名第一届莫斯科中山大学留学生之一。这位风华正茂、踌躇满志的年轻人，在苏联接触到了激昂的赤色主义。他向往着以布尔什维克的激情和一套完整的苏联样板工程模式在归国之后大展宏图

第一卷

蒋家的革命青年

溪口蒋家盐铺，诞生了两位影响中国近代历史发展的领袖级人物
蒋介石塾师再教经国，评价小蒋“天资虽不甚高，然颇好诵读”

浙江奉化溪口是千年古镇，背山面溪，山清水秀。蒋家是当地大姓，蒋介石出生前，其先祖已世居于此数百年。蒋介石的父亲蒋肇聪，字肃庵，在溪口继承父业，开设玉泰盐铺，有三间店面，贩卖食盐、粮食等杂货，薄有积蓄，属于小康商家。当时应该没人想到，就在这栋不起眼儿的盐铺楼上，诞生了影响中国近代历史发展的领袖级人物。

蒋介石生于 1887 年，母亲是蒋肃庵第三任妻子王采玉，祖父蒋玉表为他取名瑞元；论族谱，蒋介石是溪口蒋氏第二十八代，因蒋家自第二十五代开始即以“祈斯肇周国，孝友得成章，秀明启贤达，奕世庆吉昌”排名，因此蒋介石为周字辈，族谱名为周泰。

蒋介石是家中次子，有一同父异母的兄长蒋介卿，在蒋肃庵要求下，兄弟俩很早就进入私塾求学。蒋介石有两个妹妹瑞莲、瑞菊；七岁时，幺弟蒋瑞青诞生。但两年后，蒋肃庵突然病逝，因此蒋介卿过继给一位伯父并继承盐铺，蒋介石则继承家中房舍与田产，全家还是住在老家报本堂中。

丈夫过世后，养育家中孩子的重担落在王采玉身上；没想到时隔两年，蒋瑞青夭折，她伤心异常，也因此将所有精力倾注给了蒋介石。1901 年，蒋介石虽只有 14 岁，但王采玉挑选了附近一位姑娘毛福梅给儿子成亲。

◀1965 年 10 月 4 日，“国防部”部长蒋经国自美返台毛福梅生于1882年，父亲为毛鼎和，在当地开设一家祥丰南货号。毛福梅略识字，曾在奉化作新女校读过不到半年书，比蒋介石大上四岁。男小女大，在当时是很常见的事。

新旧世纪之交，积弱已久的中国一再受列强压迫，割地赔款，八国联军之乱更直击中国人的最后一丝自信。年青一代已无法再接受私塾、科举这些老一套，越来越多的人渡海求学，蔚为风潮，蒋介石也不例外。1903年，应童子试而落第的蒋介石，决定投笔从戎，东渡日本学习军事。

由于留学日本学习军事需大清陆军部保送，蒋介石不得其门而入，因此东渡日本后只能于1906年先进清华学校学习日语，但通过义兄周淡游介绍，认识了留学生中颇为活跃的陈其美，这是他一生宦途的开始。

1906年冬，返回浙江为妹妹张罗婚事的蒋介石，正巧遇到大清陆军部、由段祺瑞督办的保定陆军速成学堂（日后的保定军校）招生，他赶到杭州报考后被录取，于1907年入学；因曾习日语，后获准留日并赴振武学校陆军炮科预备班研修。

振武学校是士官的预备教育班，不过蒋介石毕业后并未获准进入士官学校，而是在接受入伍训练后进入日本北海道高田野炮兵第十三联队担任二等兵。在东京期间，蒋介石通过陈其美介绍，加入了奉孙中山为领袖的同盟会，并与流亡日本的革命党人来往。

在日本开了眼界的蒋介石数度返回中国，并曾在陈其美指挥下参与革命党地下工作，营救牢中同志。不过他始终没有返回溪口，对毛福梅更颇为冷淡，连带让蒋家期盼的长孙迟迟没有消息。直到1909年夏天，王采玉带着毛福梅来到上海，在母亲要求下，蒋介石才与妻子共处一段时间。来年春天，1910年4月27日，农历三月十八，毛福梅临盆，蒋经国在溪口蒋宅报本堂西厢房楼上诞生，乳名存西。

虽然蒋介石在日本未归，但因为蒋经国出生是蒋氏家族大事，因此王采玉和毛福梅合力为新生儿的诞生热闹了一番，不但染了一大箩红鸡蛋，煮了两大锅红糖白米粥分送各家亲友，满月那天，蒋家更大办筵席；此后王采玉和毛福梅也担起教育蒋介石长子的责任，蒋介石虽曾在1910年夏天再度返回上海，却依旧没有回溪口探视妻儿。倒是在族谱方面，由于王采玉要求，蒋经国被过继为已经夭折的蒋介石幺弟蒋瑞青的子嗣，蒋介石也一口答应。

直到1911年夏天，蒋介石才正式回到溪口，第一次亲眼看到自己的长子。由于新生儿已是溪口蒋家第二十九代，属国字辈，因此蒋介石也为其取了个响亮的族谱名：经国。

1911年10月武昌起义，当时人尚在日本的蒋介石请假未准，因此不假离日，迅速返回上海响应陈其美的革命攻势，之后又奉陈其美之命回到浙江，率百名敢死队队员攻打省会杭州城内官署。占领杭州后，蒋介石再以革命军高级军官身份回到上海，出任沪军第五团团长，身份与以往不可同日而语。

但由于蒋介石为帮陈其美扫除政敌，发动刺杀与陈不和的光复会领袖陶成章，陈其美被迫再度把蒋介石送到日本，以绝非议；直到宋教仁遭袁世凯买凶刺杀，孙中山发起“二次革命”，蒋介石才再度领命返回上海，并赴江浙作战。

“二次革命”以失败告终，陈蒋二人分别藏匿上海等地，蒋介石更于1913年前后在老家窝了七八个月才再度流亡东京，投奔陈其美，并在张静江的监誓下，于1913年10月29日加入孙中山成立的中华革命党，宣示服从孙中山个人。为响应讨袁，蒋介石曾多次受命偷渡回中国，但都没有斩获而返回日本。陈其美在1916年遭袁世凯派人暗杀身亡，是以洪宪政权虽然倒台了，蒋介石却失去了靠山。

刚好孙中山为筹措革命经费，计划在上海成立证券物品交易所，蒋介石与陈其美的侄子陈果夫、结拜兄弟戴季陶、金主张静江等人，以“协进会”名义做起股票交易，因此流连在上海十里洋场，纵情犬马，除了陈其美的青帮势力，更结纳一帮江浙财团、士绅。他不但生活糜烂，甚至曾遇到股票大空头而大亏老本，以致交易所陷于破产困境。

不过，蒋介石并没有放弃靠着军事背景在国民党出人头地的路子。虽然他的脾气阴晴不定，常引来他人不悦，而他的军事背景以及敌后秘密任务经验，则受到包括孙中山在内、欠缺军事力量支持的革命党人重视，甚至被任命为大元帅府大本营参谋长，并在陈炯明率领的援闽粤军底下，被拔擢出任作战科主任一职；之后蒋介石多次以退为进，军衔则完全不受影响，从第二支队司令开始节节高升。

至于蒋经国，则是在溪口平顺地成长，除三岁那年染上天花，并在脸上留下痕迹外，没有太多意外；同时，蒋经国小时为人拘谨，非常听祖母、母亲的话，在学校里也是文静学生。倒是由于夫妻不合，蒋介石又脾气暴躁，蒋经国年幼时，毛氏经常携儿子回娘家小住，因此蒋经国童年很多时间是在岩头外婆家度过的。

1916 年 3 月，蒋经国进入蒋氏宗亲在当地寺庙兴办的武山小学就读，拜周东（星垣）为师，接受的还是传统私塾教育；来年教师换成顾清廉，

1916 年 3 月，蒋经国进入蒋氏宗亲在奉化寺庙兴办的武山小学就读，拜周东（星垣）为师，接受传统私塾教育。蒋介石对儿子的教育颇为重视，蒋经国 10 岁时，老蒋为让其系统掌握汉字，寄给他一册清代著名学者段玉裁注解的《说文解字》，并附信："此书每日能识得十字，则三年内必可读完，一生受用不尽矣。读书第一要当心听讲，认识一字，须要晓得一字之解说，不可读过便算。汝在家，对亲须要孝顺，对长上须要恭敬。走路不可轻佻，须要著重。与同学须要和好，不可相打相骂。年岁渐长，更要自知道理，力求上进，不可再像从前小孩时一味贪玩（弄）也。"

他也曾在私塾教过蒋介石。在蒋介石当面拜托下，他对蒋经国的教育颇为用心，评价小蒋“天资虽不甚高，然颇好诵读”。

蒋经国入私塾的同年，蒋介石次子蒋纬国诞生。其实早在1912年，蒋介石就在上海青楼邂逅姚冶诚并纳其为侧室，同居多时但没有子嗣。由于戴传贤（即戴季陶）在日本与一名妇人生下孩子，但戴氏已有家室，所以蒋介石同意认养，并为这名男孩取了族谱名“纬国”，同时交姚冶诚抚养。蒋经国日后也说，他九岁时就已经知道蒋纬国的身世。

不过蒋介石对蒋纬国视如己出。蒋纬国与蒋经国两人的族谱名合起来正有经天纬地、治国安邦之意，也显示出此时蒋介石的雄心壮志。1918年，溪口蒋氏续族谱，蒋介石两个儿子都在此时入谱。同时蒋介石为蒋经国取名建丰，确定继嗣亡弟蒋瑞青，并为蒋纬国取名建镐，作为他自己的宗族继承人。

1920年，蒋介石除了曾寄给蒋经国一册由段玉裁注解的《说文解字》，要他“此书每日能识得十字，则三年内必可读完，一生受用不尽矣”，同时提醒蒋经国，“读书第一要当心听讲，认识一字，须要晓得一字之解说，不可读过便算”。紧接着蒋介石又延请奉化另一位儒师王欧声在家课读，教蒋经国古籍和“四书”。他还要求蒋经国在熟悉《说文解字》之后能继续读通《尔雅》，以掌握汉字的读音、结构和含义。

上海求学，蒋氏要经国“力学英文”
读曾国藩，深学《孟子》

在蒋介石的坚持下，蒋经国于1920年转学到蒋介石曾就读过的奉化凤麓学堂上学，同时住在奉化城内的亲友陈家，正式离开溪口老家。蒋介石希望让儿子开开眼界，不再停留在封闭保守的地方。

此时蒋介石不时与姚冶诚、蒋纬国住在奉化西门，距离近了，对蒋经国的督促也更加严格，不但亲自批阅蒋经国的功课，还多次训示儿子“不可轻佻”，务须稳重。1920年8月30日，蒋介石在日记中写道：“经儿来谒，其言语举动，颇为明亮著重，心颇爱之。”

就在同一年，姚冶诚带着四岁的蒋纬国回到溪口，但与毛福梅相处并不太愉快。由于蒋经国此时已在奉化上学，两兄弟也不常见面。同时因毛福梅曾擅自把蒋经国带回溪口老家，加上王采玉也希望多看长孙，让望子成龙的蒋介石大为不悦，为此“忿不可遏，与之拼命大闹”。

蒋介石不但多次跟毛福梅争吵，更因为母亲身体不佳，把气出在毛福梅身上，例如蒋介石在1921年4月25日的日记中说：“知母遍体虚肿，病非小可，愁闷不堪。门庭多故，使我有母而不能养，有子而不能教，皆毛氏一人所害。”他也不断痛斥毛福梅的教育方式对儿子有害无益，无法让蒋经国提高见识。

同年6月14日，王采玉病逝，蒋介石自广州返回老家料理丧事，虽然军事吃紧，蒋介石却遵古礼在溪口守丧数月。蒋经国直到此时才与父亲有较长时间的接触；蒋介石也在这段时间里留下“经儿可教，纬儿可爱”的评语。

相较于蒋介石对蒋纬国的宠爱，在日记中老蒋对纬国记载的篇幅远多于经国，且流露父子之情。蒋介石对个性拘谨、沉闷的蒋经国，则常板起传统父亲面孔，但除了蒋介石自己沉思、读书的时间外，父子俩还是有时间沿着剡溪泛游；但他对因媒妁之言而结亲的毛福梅则不加闻问。

由于蒋介石迟不归营，有意从桂林发动北伐的孙中山颇为着急，多次催请未果。倒是服丧结束后，蒋介石正式宣布以从事革命为由，与毛福梅离婚，同时与姚冶诚分手；蒋介石紧接着于当年12月5日，在上海与时年15岁的陈洁如结婚。在毛福梅哭求下，蒋介石把她留在溪口老宅，同时把蒋经国带到上海，进入上海万竹小学念四年级。

当时蒋经国已经12岁，但他仍管这位只比他大几岁的继母叫“上海姆妈”，有一段时间与蒋陈二人一起住在法租界圣母院路三巷九号。当时蒋介石的重要性已大幅提升，大部分时间不在上海，但他对蒋经国的教育更加严格。

除要求蒋经国每周写信定期报告读书心得与进度，国学方面，蒋介石多次要求蒋经国必须熟习王欧声教授的《论语》《孟子》等经典，并涉猎《曾文正公家训》等古籍。他也特地提点蒋经国，“《孟子》文章之好，异乎他书，你如将来要做好文章，必须熟读孟子”，并强调，熟读《孟子》，不但要学会他的笔调，能做好文章，而且要注重其中一些重要内容，诸如使人民免于饥寒而致于安乐的“王政”思想、立身修行必以礼义仁义的思想等。

蒋介石也要求蒋经国勤于练字，甚至曾以严厉口吻批评蒋经国的字“还没有什么进步”，所以要他“每日早起，须要学草字一百个，楷书五十个，既要学像，又要学快”，甚至还提醒蒋经国“写字笔画宜清楚，且要字字分明，切不可潦草糊涂。写信的字，亦要像我写的一样大，不可太小”。

至于新学部分，蒋介石则希望小蒋留心英文与算学，尤以“英文最为重要”，不但要熟背单词，而且要“讲究文法”“多说话”。他除提醒蒋经国，“现在时世，不懂英文，正如哑子一样，将来什么地方都走不通，什么事业都赶不上”，更要求小蒋有工夫的时候，可到商务印书馆买些英文小说杂志看看，以增长知识。事实上，至1925年蒋经国赴俄前，蒋介石前后写了20余封信，都是对他读书、养性、修身各方面的修为予以指导。

1922年3月，孙中山决定回师广东建立大本营并展开北伐，却遭陈炯明坚决反对。孙中山想起事前预警陈炯明不可靠并力主提前用兵解除陈部武装的蒋介石，急电盼蒋即来襄助，却仍旧碰了软钉子。

直到1922年6月爆发永丰舰事件——受到陈炯明追杀的孙中山逃到停泊于珠江的永丰舰避难，再度急拍电报至溪口要求蒋赶赴广州，蒋介石这才立刻搭船赶赴香港，再改以汽艇溯珠江北上与孙中山会合，历经55

天苦战后搭永丰舰改赴上海而脱险。这也成为蒋介石跃居国民党领导阶层的转折点。

“左”倾激进革命青年蒋经国五卅惨案间
连续四次跳到示威最前线并被捕
被开除学籍，到京再示威，再被捕
经苏联顾问鲍罗廷推荐
赴苏留学，看看“共产主义的天堂”

陈炯明叛变后，孙中山在上海会见共产国际代表马林（Maring），开启国民党联俄容共的新路线。虽然党内对孙中山的转向有颇多疑虑，但蒋介石初期成为亲苏路线的主要人物之一，并于1923年8月率“孙逸仙博士代表团”访苏，考察莫斯科军事、政府和政治组织，历时三个月。只是这时蒋介石在孙中山身边仅扮演着军事参谋角色，孙并未让他往党务方向发展，这让蒋介石语多抱怨。

访问苏联的这段时间，蒋介石连续写了多封私信给蒋经国，督促他的学业与文章，甚至还拿红笔圈改蒋经国来信中的错字与不通之处。至于停留上海求学的蒋经国，则是由姑丈竺芝珊、姑母蒋瑞莲监护。除陈洁如颇为照顾外，蒋经国也时常到法租界陈果夫家串门子，直到陈立夫赴美求学后，蒋经国才比较少上门。

1924年6月，时任国民党军事委员会委员的蒋介石，被孙中山任命为黄埔军校第一任校长，第一期招募学生456人；黄埔门生也成为蒋介石之后逐鹿天下的雄厚本钱。

当时在孙中山力挺下，国民党第一次全国代表大会已通过按照列宁主义路线，改组国民党的政治、军事机构的基本改造方案，并且同意共产党员可以跨党，兼具国民党和共产党党员身份。

事实上，尽管民国建立，中国却仍处于鸦片战争以来未曾停止的内忧外患中；欧洲则因第一次世界大战，需要时间疗伤止痛；反观 1917 年布尔什维克党所领导的俄国十月革命成功后，疲于动乱的中西青年多有以俄为师之志。而且苏联宣称愿意放弃帝俄与清朝所缔定的一切不平等条约，并支持辛亥革命以来窘于国际支持的南方革命政府，因此数十年后以反对苏联先知自居的蒋介石，当时可是力主与共产党，特别是他曾亲往访问的俄共（布）保持友好合作态度的。

蒋介石不但在演说中赞扬苏联共产党员乐意为国家、百姓工作，不为个人利益做事，甚至亲自邀请考察苏联时结识的西伯利亚苏军总司令布留赫尔（Blyucher，即加伦将军）任军事总顾问。加上黄埔成立初期相当仰赖苏联的各种援助，国民党亲苏路线已成主流。

至于蒋经国，则于 1924 年冬从万竹小学高级部毕业，来年即升入上海浦东中学就读，蒋介石也特地要求陈果夫除了帮忙料理他的私人财务外，还能以兄长身份多多照应蒋经国。蒋介石除继续要求蒋经国多留意英语，他甚至想过蒋经国最好能考取梵王渡圣约翰学校二年级或一年级，也就是到外国人办的教会学校读书，但最后并未实现。

正值反叛期的蒋经国虽不敢公开质疑父亲的各项安排，但在上海见识广了之后也不免质疑：“经书有它现在的现实意义吗？”他甚至抱怨苦读文言文其实是在开倒车。

为此陈果夫曾写信报告蒋介石，说蒋经国英文和习字两门不及格。蒋经国则写信自辩，指出英文分数平均七十多分，几及甲等，并没有不及格，仅英文习字不及格罢了。根据学校评量，蒋经国最突出的课目仍是作文，几乎是全校之冠。

当时上海工人运动及共产党运动风起云涌，让不满外国学生抨击中国为一盘散沙的蒋经国深受感召。尤其 1925 年上海发生五卅惨案，上海日本纺织同业会拒绝承认工会组织，工厂又突然宣布关厂、停发工资，数百名工人与资方交涉时竟遭日本大班开枪射击；5 月 30 日上海 2000 余名学生在公共租界散发传单、游行抗议，又遭租界政府开枪驱离，造成十余人死亡，数人受伤，民情激愤。

五卅惨案掀起全国各大城市罢工、罢课、游行示威，却被外国势力视为国民党内“左”倾激进派在背后煽动的结果。作为国民党内青年将领蒋介石之子，蒋经国则是跳到示威最前线，连续四次以浦东中学领队身份参加示威游行，表现出反帝、爱国主义的精神，并一度被逮捕；最后浦东中学以行为不轨为由，开除了蒋经国的学籍。蒋经国日后回忆起这段狂飙的岁月，还是强调外国势力贬低中国人“一盘散沙”“东亚病夫”，让他感到尤其愤恨与耻辱。

此时蒋介石虽还不是国民党领导班子核心人物，仅是八名军事委员会委员之一，但他靠着黄埔军校的现代化战力，不但出任广州防卫司令，更逐渐崭露头角。先是软禁并流放了涉嫌刺杀廖仲恺的党内大佬胡汉民，继而架空许崇智势力，收编许系部队，再靠着第二次东征之役打垮陈炯明，蒋介石声名鹊起。

1925 年 7 月 1 日，国民党在广州成立国民政府，推举亲苏派的汪精卫为常委会主席，蒋介石也在国民党二全大会中被推举为中央执行委员，步入领导阶层。此时国民党更跃跃欲试，计划通过革命军北伐统一全国；这也是蒋介石全面扩张军事势力的开始。

这年暑假，蒋经国到广州探视父亲，看到黄埔校园中张贴“联俄”“联共”“工农联合”等巨大标语，于是提出希望从军的要求，但遭蒋介石拒绝。面对蒋经国的激进风格，蒋介石以上海是罪恶渊薮，对年轻人有不良影响为由，把蒋经国送到好友吴稚晖在北京南小街新成立的海外补习学校就读。

吴稚晖的这所学校是在北洋军阀冯玉祥支持下成立的新学堂，但也教授传统经学；蒋介石自然希望小蒋远离是非圈，并通过吴稚晖的影响力教育蒋经国。但是蒋经国不改上海的作风，又参加了反对北洋政府的学生游行，随即被捕入狱并监禁两个星期。

接受越来越多“左”倾思想之后，蒋经国一度决定学法文，并赴法留学。但他到京不久，就经由国民党籍著名记者、上海大学前任代理校长邵力子介绍，认识了包括身兼中国共产党和中国国民党中央执行委员的李大钊在内的许多共产党人。在李大钊的引介下，蒋经国定期受邀到位于北京的苏联大使馆看电影，与苏联大使馆官员经常见面。

事实上，蒋介石的亲苏态度早就让蒋经国对苏联留下良好印象，甚至让他认为苏联已然是人类先进的代表、美好的天堂，“令人油然向往”。因此年轻的蒋经国决定接受建议，争取通过国民党主办的留学选拔，改到苏联莫斯科就读专为中国学生设立的莫斯科中山大学；他在书信中承认：“北京的政治环境，看起来洋溢着国共［中共及联共（布）］友谊的气氛。我本人亦惑于这种心理环境，彻底改变了我原来的计划。”

在苏联顾问鲍罗廷推荐下，蒋经国成为350名第一届莫斯科中山大学留学生之一。在这350人中，仅保留十席供鲍罗廷圈选推荐，足见此时苏联对争取蒋介石的重视。蒋经国先是跟吴稚晖禀告要到莫斯科“革命”，去看看“共产主义的天堂”，他认为学习苏联革命经验与政治组织，有助于打倒帝国主义对国家的压迫；随后蒋经国便回到广州争取蒋介石的认可。

根据陈洁如回忆，蒋经国惧怕父亲反对，虽已取得留苏奖学金却迟迟不敢告诉父亲；蒋介石起初也不愿意蒋经国到苏联留学，还是通过陈洁如从中传话、缓颊才敲定此事。

坊间也另有一说，称此时蒋介石仍需要苏联各方面援助，立场“左”倾，曾被人影射为“粉红将军”，甚至还指派周恩来递补遇刺的廖仲恺，接下党军政治部主任职位，引发广州商界高度质疑；加上他个人曾赴苏联考察的经验，蒋介石其实是支持蒋经国赴苏留学的，还示意由陈果夫为蒋经国筹措旅费与行囊。

蒋介石虽同意蒋经国留苏，但条件是希望蒋经国赴苏前能先入国民党。1925 年 10 月初，15 岁的蒋经国经林焕庭介绍，在上海环龙路 44 号国民党上海执行部秘密宣誓入党，并于 10 月 19 日搭货轮北上，与 90 名学生一同前往海参崴。旅程中除了三民主义，蒋经国也读了他生平第一本共产主义理论读本 ——布哈林的《共产主义 ABC》。上岸后，一行人改搭整整 25 天的火车，于 1925 年 11 月底抵达莫斯科。

只是蒋经国恐怕很难想象，在他抵达苏联几个月不到，这股以俄为师、联俄容共的大浪潮会迅速变质，就连动身前认为他到莫斯科试试也好的吴稚晖，也成为国民党内极右派的西山会议派主要成员，促成国民党清共、与莫斯科决裂；更糟糕的是，蒋介石也慢慢修正原先亲苏的路线。在多重压力下，蒋经国在苏联十多年的日子并不好过。

“当所有的人都在怀疑你，就让他们去怀疑吧！”

第二卷　留苏 12 年的跌宕生涯

- “左派”学生。尼古拉同志。与冯玉祥之女的短暂婚姻。蒋经国在莫斯科声讨他的父亲，高喊“打倒蒋介石”，更称“蒋介石是我的父亲和革命友人，现在却是我的敌人”

- 与王明在苏联的数次争斗。留苏劳动期间的数十份改造工作。斯大林数次召见后的中苏微妙关系

- 与蒋方良的苏联姻缘。共产党员蒋经国在康生的带领下返国

1935 年，苏联。

留苏时期的蒋经国与蒋方良坠入爱河，时常前往海滨度假，出游戏水，颇为甜蜜，仿佛蒋经国笔下“冰天雪地”的苏联已被灿烂阳光温暖。蒋太子体格健壮结实；蒋方良身着黑白条纹泳装，体态丰腴。他们常常拉着手畅游海滩，是一对让人艳羡的神仙眷侣。来到中国，蒋方良依旧喜欢穿着泳装在河里游泳，彼时思想保守的中国人见到如此新奇的装扮总爱窃窃私语。婆婆毛夫人虽为洋儿媳解围，但还是买了一尊美人鱼雕塑置于家中，让儿媳看看即可，不必真的去游泳。老年时期的蒋方良回忆此段往事，仍不觉莞尔

蒋经国充当摄影师，为爱妻拍照，摄于 20 世纪 50 年代。
蒋方良从踏上中国的土地开始，便对中国妇女隐忍随夫的传统有了精神上的认同，做人做事低调谨慎。远离家乡的她从丈夫和孩子那里汲取着温暖与希望，与蒋经国携手相伴，亦令她感到幸福和满足

蒋经国夫妇在台湾的早期留影，摄于 20 世纪 50 年代。

蒋经国到达台湾时 39 岁，蒋方良 32 岁。早期的台湾，孩童打赤脚上学，物质条件极差，民风却极为淳朴。蒋经国与夫人并未因身份特殊而过着与民众天壤之别的生活，他们是最平凡的贵族，与普通老百姓毫无区别

第二卷

留苏12年的跌宕生涯

“左派”学生。尼古拉同志。与冯玉祥之女的短暂婚姻
蒋经国在莫斯科声讨他的父亲，高喊“打倒蒋介石”
更称“蒋介石是我的父亲和革命友人，现在却是我的敌人”

到了苏联，莫斯科中山大学开学典礼邀请到托洛茨基演说，给包括蒋经国在内的许多中国留学生留下了深刻印象。蒋经国在校“苦修俄文，也对与西方革命有关的科目与政治及经济学，下了一番苦功”。这位革命青年在1925年12月，也就是抵达苏联后几个星期，就加入了共青团。这是他自加入国民党后的第二个党派组织。

蒋经国在学校中相当积极，不但当上墙报刊物《红墙》的编辑，发表过《中国的展望》《中国北伐一定成功》两篇文章，还曾在报上写道：“大家站在革命阵线，巩固中国及全世界的无产阶级组织，争取中国的独立，在中国建立起苏维埃政权。”

当时蒋介石打着联苏、打倒帝国主义的旗帜誓师北伐，不但思想颇为“左”倾，甚至在与蒋经国的书信往来中，还表明孙中山的民生主义就涵盖共产主义，中国革命只有成为世界革命的一部分时才有意义。斯大林就曾引用北伐的成功作为他政策正确的证明。

不过，校园中的蒋经国则与莫斯科中山大学的托洛茨基派（简称托派）

◀ 蒋经国夫妇的合影总是充满温馨与情趣。蒋经国把夫人爱怜地圈在臂弯里，蒋方良则在快门定格时习惯性地拉住丈夫的手。从1935年那个夜晚的牵手，他们相伴了53个春秋建立起良好关系。托派对蒋经国影响甚大，包括莫斯科中山大学校长拉狄克，教授李普曼、普里哥金在内，都跟蒋经国关系密切，并引导小蒋与其他中国留学生加入托派秘密学社；蒋经国日后也承认，不但自己的政治思想的确与托洛茨基主张“以革命火炬烧掉旧世界”的想法不谋而合，他甚至还居中担任了领导的工作。

蒋介石此时对联共（布）保持合作态度；1926 年，邵力子也抵达莫斯科中山大学，担任国民党常驻莫斯科中山大学代表。学业方面，蒋经国用两年时间修完社会发展史、经济地理等基础课程，也修了列宁主义。美国人陶涵在其《蒋经国传》中甚至指出，蒋经国刚好此时与邓小平同班学习，双方关系颇佳；邓小平是共青团小组长，曾为班上同学写下意识形态与思想改造报告，应包括蒋经国在内；他也曾在蒋经国的《红墙》上发表过文章。

蒋经国给自己取了一个俄文名字：尼古拉·维拉迪米洛维奇·伊利扎洛夫（Nikolai Vladimirovich Elizarov），据台湾《中央研究院近代史研究所集刊》第 29 期《俄国档案中的留学生蒋经国》一文称，莫斯科中山大学 1926 年学生名册上写着“妮芝达诺娃是伊利扎洛夫之妻”，显示当时蒋经国已经在苏结婚。妮芝达诺娃的中文名为冯弗能，是冯玉祥的女儿，也是赴苏的中国留学生之一。换言之，蒋经国与冯弗能早即熟识，于异乡由同学转为恋人、夫妻，不令人意外。

不过随着中苏政治形势变化，蒋经国的留苏生涯出现极大改变。1927 年的“四一二反革命政变”是蒋介石彻底改变联共路线的分水岭，也成为蒋经国命运的转折点。

虽然斯大林多次表示对蒋介石与北伐军的支持，但爆发中山舰事件后，蒋介石开始质疑“左”倾人士是否威胁他的党内权位，甚至取而代之。包括蒋介石好友戴季陶在内的国民党右派，更早在北伐开始之前就批评中共势力日益茁壮，“党中有党”，必须尽早铲除。

蒋介石逐走汪精卫后，身兼国民党中央委员会常务会议主席、国民革命军总司令等要职，已非昔日的吴下阿蒙，因此虽然中国共产党与“左”倾势力已成为国民党中央主流，但在蒋介石顺利率军北伐并控制长江流域，主导国民政府迁都武汉后，双方关系破裂的引爆点也迫在眉睫。

1927年3月10日，国民党内“左派”人士借着国民党第二届三中全会的机会，否决蒋介石关于党中央和国民政府迁到南昌办公的要求，之后更陆续免除蒋介石中央常务委员会主席、军事委员会主席和军人部长职务，将国民党中央与蒋介石的冲突正式台面化。

“左派”排蒋立刻引发蒋介石反弹，表明不接受决议；加上蒋介石率部队进入上海后，发觉中共与工会势力大幅扩张，与上海江浙财阀、青帮势力同感戒慎恐惧，双方迅速达成反对上海“赤化”的默契。国民党右派大佬蔡元培、张静江、吴稚晖、李石曾等人，更与蒋介石、李宗仁、白崇禧、黄绍竑、李济深在上海召开的国民党中央监察委员会会议上，订立“清党原则”及筹组“清党委员会”，党内分裂一触即发。

4月9日，蒋介石命令成立“淞沪戒严司令部”，由白崇禧、周凤岐分任正、副司令，并颁发“战时戒严条例”12条。同日，中央监察委员邓泽如、吴稚晖、黄绍竑、张静江、陈果夫等联名发表《护党救国通电》，也就是著名的“青电”，指责武汉国民政府“容共”政策。4月11日，蒋介石密令各省“一致实行清党”。

在外国势力与青帮头目杜月笙支持下，由中共组织的上海总工会纠察队受到中华共进会和上海工团联合会的攻击，蒋介石则下令淞沪戒严司令部所属国民党第二十六军，借口“工人内讧”，对工人纠察队强行缴械，造成300余人伤亡。4月13日，上海总工会发动十万余人请愿，遭周凤岐部扫射，当场打死100多人。

冲突形势蔓延，国民党部队紧接着开始大规模搜捕共产党员及其支持者，并将首要人员当场杀害。三日内共计300余人死亡，500余人被捕，

5000多人失踪。在北京的李大钊等人亦被张作霖派员冲入苏联大使馆径行逮捕，以密谋推翻北洋军阀为由，执行绞刑。

事变后，中共和国民党“左派”在武汉联合发动讨蒋，包括宋庆龄、邓演达、何香凝、谭平山、吴玉章、林祖涵、毛泽东等39人，以国民党中央执监委员、候补执监委员名义联名通电讨蒋，并将蒋介石开除党籍。蒋介石则于4月18日在南京成立“国民政府”，和亲共的武汉汪精卫政权对立，也就是“宁汉分裂”。

四一二反革命政变后，苏联《真理报》点名批判“蒋介石已经叛变，他带领民族资产阶级脱离了革命，并重组了右翼国民党核心，与帝国主义勾结到一起反对中国革命”；莫斯科中山大学也立刻发起声讨。

蒋经国在群情激愤时站出来声讨他的父亲，高喊“打倒蒋介石”，并在莫斯科《时代周刊》一篇公开声明中指称，“现在我要说，革命是我所知道的唯一要务，今后我不再认你为父”；甚至还说“蒋介石曾经是我的父亲和革命的朋友，现在却是我的敌人。几天前，他已经不再是革命党，成了反革命分子……打倒蒋介石！打倒叛贼”。

蒋经国的积极作风获得斯大林赞赏，但更紧张的政治斗争形势却在苏联内部发生。

斯大林开始对托派进行严厉镇压，并把托洛茨基赶出中央政治局，导致亲托派的莫斯科中山大学被卷入学潮中。校方曾邀请斯大林到校演讲“托派的错误”，这也是蒋经国首次看到斯大林。由于斯大林在演说中提及托洛茨基事实上是拥护蒋介石的，因此蒋经国在压力与惶惑中，公开声明与托派并无关系。

由于蒋介石要求所有国民党籍留苏学生离开莫斯科中山大学，1927年8月5日有200多名中国学生获得苏联批准回中国，但是蒋经国并未通过申请，而是被同意提早毕业，并进入莫斯科一所军校接受训练。他的第一任妻子冯弗能则和她的哥哥冯洪国在1928年5月回国，据说蒋经国曾向苏方提出一份公开的自白声明，证明蒋冯两人已然结束短暂婚姻。此后蒋经国与蒋方良结婚，未对外公开提及与冯的这段婚姻。

与王明在苏联的数次争斗
留苏劳动期间的数十份改造工作
斯大林数次召见后的中苏微妙关系

蒋经国随后申请并被安排进入红军位于莫斯科的特别军事学校受训，在莫斯科红军当兵一年，曾开过飞机、当过骑兵，甚至在流冰上宿营。当了一年学员后，1928 年，蒋经国以军中最优秀的五名学员之一的身份，获选至列宁格勒培训红军干部的托玛卡红军军政学校，展开三年的学习。

除了军事项目，他在这段时间里特地研习唯物辩证法，并曾在杂志上发表论文。由于学院学生均为共产党员，蒋经国无法参加会议，因此入学第二年他即参加联共（布），成为候补党员。

蒋经国了解他在此处一举一动都必须通过莫斯科决定，并受到密切监控，因此他日后回忆时，连称自己“完全与中国隔绝了”，同时“从前虽然每封信都被检查，我仍然可以和亲友通信，现在我就连写一封信都不能了。当时思亲之情及思乡之情，真是无时或释”，他甚至“隔一两天就给父亲写信”，只是“每封信我私下阅读两三遍就毁掉了”。

蒋经国虽退出托派，但仍与莫斯科中山大学的江浙籍同学有所联系，这批同乡还戏称要推举蒋经国担任江浙同学会会长。没想到这些私人信件，包括几封打算写给蒋介石而未能寄出的家书，被派在莫斯科中山大学担任支部局书记的王明掌控后，指控蒋经国在蒋介石指挥下成立反革命组织，要求逮捕蒋经国，酿成颇大风波。

苏联当局无意将风波扩大，因此经共产国际监察委员、联共（布）中央监委会与中共中央驻共产国际代表团组成审查委员会调查后，确定是假案，蒋经国逃过一劫，但也因此与王明关系恶化。

1930 年 5 月，蒋经国以全班第一名的成绩毕业，论文题目是《游击战的战术》。蒋经国当时第一志愿是申请回国，第二志愿则是加入红军，但由于蒋介石不断发动"剿共"，让蒋经国期望落空。当时莫斯科中山大学已改名为中国劳动者共产主义大学，因此苏联派他回中国劳动者共产主义大学担任中国学生访问团副指导员和翻译。周恩来也在访问苏联期间见过蒋经国，虽然表示赞同蒋经国批判蒋介石，但还是希望他继续与蒋介石保持联系。

同年 6 月结束外高加索和乌克兰参访团行程并回到莫斯科后，蒋经国突然发高烧生病住院。出院后，共产国际要他"体验无产阶级的生活"，因此于 1930 年 10 月将他改派到莫斯科的狄拿马电气厂当机械工具操作工人。从来不曾做过体力劳动工作的蒋经国回忆："每天工作八小时，早上八点钟上班，下午五点下班，中间有一小时吃午饭。做了两天，不但双手肿了起来，而且还觉得腰酸背痛……我月薪只有四十五卢布……那时苏联食物短缺且价昂，面包要配给，鱼肉的供应亦非常有限。我常常空着肚子工作。"

为提高技术水平，蒋经国进入夜校进修工程学，并在工厂内兼课军事赚外快。不到一年，厂方推荐他当管理委员会副主任，但据《蒋经国全集》记录，蒋经国指称"因中共代表陈绍禹（王明）反对推荐我"，所以期望落空。陷入失望不满情绪的蒋经国，自称"在一次会议上，我公开抨击陈绍禹，共产国际的干部因此要把我放逐到西伯利亚"，惹上另一场政治风波。

1931 年爆发的九一八事变，导致中、苏、日三国之间的形势紧张、微妙。斯大林此时秘密约见蒋经国，谈及中国与蒋介石对此的态度，并与其共进晚餐。随后苏联方面应蒋经国要求，将他改派到莫斯科附近的石可夫农村劳动。

其时，苏联推行集体农庄政策，蒋经国称："石可夫在莫斯科区内，算是最落后的一个农村……我初到的时候，因为我是外国人，没有一家肯借床铺给我睡。第一夜我就睡在一个教堂的车房里。”后来还好有 68 岁的老农妇莎菲娅好心收容，蒋经国才得以住进位于牛棚旁由几十块木板搭成的房间里，一待就是一年。

蒋经国在石可夫劳动期间，一开始被其他农民讥笑排斥，但他认真耕田，终于引起农民同情，第六天，农民邀蒋经国参加会议，“十天以后，当地农民派我当代表到城内去接洽许多关于土地借款、购置农具及税捐问题等种种事情……以后农民就再不要我去耕田了……过一个月后，我被农民选举为农村苏维埃的副主席。因为正主席生了五个月的病，所以事实上，我担任了主席的职务”。

三个月后，在蒋经国指导下，石可夫组织了第一个集体农庄。不过，1932 年 10 月 19 日，蒋经国接获莫斯科方面来电，要求他立即返回，展开另一段劳动生涯。当时由于日军进占东北，引发斯大林高度关注，多次促成恢复中苏正式外交关系，但蒋经国此番回到莫斯科后依旧不顺利，他仍将事件悖顺指向陈绍禹。

据蒋经国回忆，莫斯科方面希望他继续学业，但陈绍禹认为他留在政治中心的莫斯科很危险，主张调到荒远的西伯利亚，在数千里外的金矿工作，尤其不能回到远东；苏联人也担心小蒋留在莫斯科会发起反陈绍禹运动，于是小蒋被派到乌拉山脉的斯维尔德洛夫斯克。

由于身体不适，小蒋先卧病在床近一个月，病愈后到西伯利亚的阿尔泰金矿劳动数月，获得管理单位“工作记录良好”的评价后，约于 1933 年 3 月改派到“工厂中的工厂”——大型企业乌拉尔重型机器厂担任技术师，一年后升为副厂长，并兼《重工业日报》责任副主笔。

1935 年 1 月，虽然蒋介石当时借五次“围剿”，把中共逼得展开长征，但作为军事强人的蒋介石，对日态度究竟是和是战仍是联共（布）关切的焦点。斯大林也因此于 1935 年 1 月再度召见蒋经国餐叙，了解国民党可能的变化。

与蒋方良的苏联姻缘
共产党员蒋经国在康生的带领下返国

其实早在1931年国民党逮捕苏联籍的牛兰夫妇后，宋庆龄就曾借赴苏联拜会斯大林的机会，建议以牛兰夫妇的自由换取蒋经国回国，但未获得斯大林认可，足见蒋经国的重要性。尤其蒋经国在俄期间，斯大林多次召见，更证明他对蒋经国战略价值的掌握。

作为蒋介石的子嗣，蒋经国虽高喊打倒自己的父亲，蒋介石也自称“宁可绝后”，甚至“宁使经国投荒，或任苏俄残杀，绝不愿以害国之罪犯以换亲儿”，断然拒绝交换的提议。但血浓于水，蒋介石还是颇能体谅自己儿子的苦衷，并深切期待得到蒋经国的信息。

冯玉祥之子归国后，蒋介石曾亲自召见并询问小蒋的处境。得知蒋经国离开莫斯科中山大学后，蒋介石也称自己“无以对先慈爱孙之心之切矣。岂天果欲使我有亏于天性之爱乎？”，他甚至也曾担忧地记述：“余近来甚为我经儿忧虑。呜呼！经儿为吾母所最疼爱者，余乃弃之于外邦。中正不孝之罪，于此为甚。”

随着中苏关系改善，他一再通过外交努力让蒋经国返国。老蒋曾在日记中提到，与颜惠庆、顾维钧等“谈外交方针渐定”，“经国回家事，亦正式交涉。此二事能得一结果，则努力之效渐见”。宋美龄也通过中国驻苏大使转达蒋介石“非常盼望儿子能回到中国”之愿。只是斯大林为了把蒋经国的战略价值提到最高，对外宣称小蒋不愿回国，令蒋介石非常不满。

不过中国驻苏大使馆人员看望蒋经国时，他也的确没有透露回国的想法。反倒是《真理报》曾出现一篇以蒋经国名义发表的文章《给母亲的信》，批评蒋介石对毛福梅太过绝情，同时批评他是“人民公敌”，他也以有“这样的父亲为耻”。老蒋虽不敢确认是否是蒋经国的手笔，但起码证明小蒋还安然无恙，“心为之一慰”。蒋经国日后也指称，是陈绍禹假借他的名义发表的这封信以打击蒋介石。

蒋经国的生活也在此时起了变化。1935 年 3 月 15 日，蒋经国与同在机械厂工作的芬娜·伊芭奇娃·瓦哈里瓦（即后来的蒋方良）结婚。芬娜自小与姐姐相依为命，当时刚从工人技术学校毕业。两人相识于 1933 年，因为英雄救美等巧合，两人经恋爱后结下了这段异国姻缘。同年 12 月，长男爱伦出生，即日后的蒋孝文。

蒋经国终其一生都相当感念这段平凡的小康家庭生活，始终与蒋方良保持相当恩爱的夫妻关系。当时他与妻儿同住在一套两室的公寓中，好客性格似乎也从此时开始，他不时会以高加索舞蹈、苏联歌曲来取悦宾客，还邀请朋友到家中同度新年。直到 1936 年，蒋经国在重型机器厂的工作与预备党员权利突然被取消，不但整天无事可做，全家三口有一段时间只靠芬娜的一份薄薪过活，显得相当艰难。

就在这个时刻，1936 年 12 月 12 日，张学良和杨虎城为促蒋介石停止“剿共”、共同抗日，发动西安事变，将老蒋囚禁。先是莫斯科《真理

尼古拉同志（蒋经国）、芬娜（蒋方良）与他们的苏联朋友。
蒋经国脑海中最深刻的记忆，是在苏联留学的 12 年，特别是在最艰困危难的岁月里，“我在乌拉尔重型机器厂多年，唯一对我友善的就是方良”。“她是个孤女。我们在 1933 年认识。她当时刚从工人技术学校毕业，在那家工厂中还算是我的部属”，“1935 年 3 月，我们终于结婚”。即便是在如此艰辛的岁月里，当年工厂的同事仍旧只记得蒋经国的灿烂笑容，说他一直保持着一副要坦诚相交的模样，从没看他露出不高兴的面容

少女时代的芬娜扎着两条粗辫子，辫子上缠着棉布做的蝴蝶结，还是清纯的少女形象。她没有想到，若干年后，她会随着远道而来的中国小伙离开故土，辗转前往台湾，在一个与故土截然不同的岛屿，度过剩下的光阴

蒋方良的俄文名字是芬娜·伊芭奇娃·瓦哈里瓦，她与蒋经国相识于乌拉尔重型机器厂。彼时，她只是普通的女工，他是名叫“尼古拉”同志的副厂长。据说他们的姻缘缔结于一个“英雄救美”的故事——夜里回家的蒋经国从图谋不轨的彪形大汉手中救下金发碧眼的女孩，也因此赢得了女孩的芳心。自幼是孤儿的芬娜与姐姐相依为命，尼古拉同志的倾心与关怀带给她无限温暖

报》《消息报》谴责囚禁蒋介石的作为，苏联后又公开表明，中国必须团结对外，蒋介石是唯一能够领导统一战线的人物。因此斯大林对外的态度非常明确，就是希望中国不要因除掉蒋介石而导致国民党推派出亲日的领袖，而是最好以蒋介石为领袖，国共合组抗日民族统一战线，牵制日本扩张，这也为整个西安事变和平落幕画下句号。

就在西安事变过后几天，12月15日，乌拉尔重型机器厂党委通过了蒋经国先前的申请，做出“接受蒋经国为第四类布尔什维克党员的决议”，等于是让蒋经国由联共（布）候补党员成为正式党员。据说共产国际曾发出电报要求保留，但反对意见并未被苏联接受；显然苏联已同意蒋经国回国，让他影响、支持蒋介石坚持联共抗日的方针。

蒋经国在西安事变发生后，虽立即提出返国要求，却碰了软钉子，一方面被告知即将返回中国，但另一方面又要他回到乌拉尔等待。因迟无返国消息，蒋经国再度上书斯大林。1937年2月，莫斯科传唤蒋经国，要他带上全家与细软。这次抵达莫斯科后，蒋经国才确定获准离开苏俄，苏联官方也特地安排许多重要拜会，包括斯大林的密友、苏联驻华大使，甚至与他冲突激烈的王明等人也来探视。蒋经国则书面保证，回国后绝不反对中国共产党或附和托派。他在临行前，第三度单独会见了斯大林。

3月25日，在中共驻共产国际代表康生领队下，蒋经国带着妻子与长子蒋孝文从莫斯科搭乘火车，离开停留了12年的苏联，重新踏上带着他来到苏联的西伯利亚大铁路。康生与蒋经国途经海参崴时拍发联合电报给位于莫斯科的中国共产党党部，蒋经国自称“党派我回国，这是一件重大任务”，并盼党部“转告共产国际执委会，我会恪遵党纪”。

经过几番波折，蒋经国终于在4月19日回到睽违的中国，但内心不安的蒋经国知道，如何重拾蒋介石对他的信任，已经成为他迈入未来生涯中最重要的课题。

蒋经国偕夫人离苏返国时，与中国驻苏人员及其眷属合影。

1937 年 2 月，即将离开苏联的蒋经国从自己的房间最后眺望晨雾中的莫斯科，无限感慨。目之所及的克里姆林宫和 12 年前所见的相差无多，不过几个教堂顶上的双头鹰被红宝石制成的五角星所代替。莫斯科的地下铁道已经通行，车站装潢的美丽堪比皇宫。街上的汽车比 10 年前增加 20 倍。1937 年 3 月 25 日下午两点，经国先生携妻子和儿子孝文在火车站搭乘第二号西伯利亚快车离开莫斯科，返回中国

“不要让昨天的罪，在今天的生活里重现，亦不要让今天的罪留下来，作为明天的恶种子。”

第三卷　赣南“苏联模式”

- 1937 年，蒋介石给蒋经国与西安事变后被其软禁的张学良分别延请一位老秀才，讲解“四书五经”，溪口由此成了这两个背景迥异之人的牢笼

- 查赌、查毒、扫黄毫不手软，民众称之为“蒋青天”。赣南经验，成为小蒋以俄为师的试验田

- 母亲毛福梅死于日军轰炸，蒋经国手书“以血洗血”表抗日之心

- 章亚若事件疑云掩遮半个世纪

- 1945 年后的蒋经国，终回归中央

▶ 从离开故土到重返家乡，12 年痛苦难言的异国生涯在蒋经国看来堪比苏武。在苏联的十余载青春，他开过飞机、当过骑兵、留宿农庄、进厂劳作，甚至露宿冰上，不仅因物资短缺常常忍饥挨饿地坚持工作，还时常生病入院。身体的折磨远不及心理的压迫，小蒋困于苏联时期思乡情浓而无时获释。他频繁地给父亲写信，而大多数信件只能默默阅读后埋进心里。蒋经国 1937 年 4 月 19 日回到睽违的家乡，欲施展雄心壮志，还需经过蒋介石的再度考察。他于溪口家中闭门八个月，再习国文，撰得《旅俄报告》，向父亲表达出政治和发展工业的抱负，父子间敏感而微妙的猜疑亦显山露水。不过蒋介石意图让小蒋从政治基层做起，将他初试啼声的场合圈定在江西赣南

◀ 蒋介石对蒋经国教育严苛，期望颇高。小蒋自苏联返国，蒋介石聘请徐道邻为师，贴身教导蒋经国重习古文及王阳明、曾国藩学说著作，并令小蒋撰写《旅俄报告》以总结心得。小蒋在父亲的教导下闭关读书，重新学习三民主义与《国父遗教——三民主义》，恢复了幼时以书信向父亲禀告学习心得的习惯。他于信中自许“以孙总理之主义为唯一思想，以吾父之事业为一生志愿”，好与老蒋交心

“经文纬武”。

蒋介石对两个儿子的栽培，有“经文纬武”的期许。他培育蒋经国在政治上发挥，蒋纬国则完全受军事历练；一文一武，期待有朝一日能成为左右臂膀。

蒋介石驰骋于政坛，乱世英雄之间，有较量也有博弈，老谋深算的蒋介石还能相信的也只有自己的亲生儿子。蒋经国在大陆期间，这位太子爷的作为在赣南期间最为可圈可点，而外交与经济等方面却有些灰头土脸。只是蒋介石的“家国”，有的是本钱让他去锻炼锻炼

1937 年，蒋经国、蒋方良夫妇补拍的结婚照。

归国之后的蒋经国偕妻返乡，在父亲的安排下，与蒋方良在溪口老家正式按中国传统补办了一次婚礼，由生母毛福梅主持。蒋方良身着描龙刺凤的华美旗袍，凤冠霞帔，与蒋经国在其出生的丰镐房举行隆重婚宴，亦圆了每一个女人美丽的新娘梦。这场喜宴不单是一段婚姻的象征，更是蒋经国第二次新生的开端。溪口小镇也因这对新人而喜气洋洋，热热闹闹地持续了五六天

夫妻二人郊游时候的留影，摄于 20 世纪 30 年代。
蒋方良笑容淳厚，蒋经国戴着墨镜，看不出表情的样子。蒋经国从年轻时期起便有一股神秘的气息，一直跟随他直到故去。有人说他喜怒不形于色，脑中想法颇多，这一层一层的谜团，直到现在还众说纷纭

1937 年，蒋经国携妻儿与生母毛福梅合影。

蒋经国是毛福梅的独子，滞苏十余年未归，思之心切的毛福梅甚至一心向佛，期望神明带儿返乡。朝思暮想的儿子终究得返，并带回可爱的新生命，镜头里的毛福梅神情祥和而满足。洋儿媳妇蒋方良仪态端庄大方，颇具中国妇女含蓄典雅之美。毛夫人曾对儿子说："余之一生受难受苦，为汝父也，为汝家也，为汝也。"可见经国在她心中的分量。1939 年日军飞机蓄意轰炸蒋介石的奉化老家，毛夫人不幸罹难，身为孝子的蒋经国怀着悲愤心情，手书"以血洗血"四个大字，立碑在丰镐房旁。

1937 年，蒋经国怀抱蒋孝文与母亲毛福梅合影。

毛福梅思念滞苏未归的儿子 12 年，当母子相聚的这天真正到来时，她甚至以为只是蒋介石搪塞她的一个骗局，一场大哭之后，方才破涕相认。蒋经国继承父亲的孝子作风，对母亲十分敬重与爱戴，一度因为蒋介石再娶宋美龄而耿耿于怀。当 1939 年母亲不幸罹难的噩耗传来，蒋经国陷入悲愤之中，只能寄情家书，向父亲哭诉内心苦楚："儿本不想将以上诸事禀告大人，但今日除大人外，尚能与何人谈心事耶？"

从苏联返回中国，蒋经国经历从炼狱到人间的转变，虽有待蒋介石对其在苏所谓断绝父子关系等行为的猜疑考验，但心情已非昔日沉重。他一手抱着爱妻，一手抚着长子孝文，沐浴在感情的暖流之中，还有什么能够比得过此刻的喜悦

蒋经国与夫人蒋方良过生日。

蒋家对家庭成员的生日十分重视，无论是蒋经国、蒋方良还是家里子女的生日，以及蒋经国夫妇的结婚纪念日，全家人定会回家团聚在一起，举办一场简单的家庭聚会，切蛋糕、开香槟。有时蒋经国兴致高，除了当场亲吻蒋方良外，也会在儿女的起哄、簇拥下，与爱妻共舞，十分热闹。蒋方良生性开朗，蒋经国亦热情好客，他们时常邀请朋友参与此类家庭活动，分享喜悦

蒋方良在家中与朋友包饺子。

蒋方良的性格是中西合璧的，她既有西方人的开朗与热情，又有东方人的内敛与顺从。在蒋经国的要求下，蒋方良很少外出交际，只是在家中举办简单的小型聚会。她热爱烹饪，喜欢包饺子和做各类小点心。她的热情在这些细小的家务中找到了寄托，也算是怡然自乐

第三卷

赣南“苏联模式”

1937 年，蒋介石给蒋经国与西安事变后被其软禁的张学良分别延请一位老秀才，讲解“四书五经”溪口由此成了这两个背景迥异之人的牢笼

虽然回到故乡令人欣喜，但蒋经国在苏联期间，先是批判蒋介石，又成为联共（布）党员，这些信息都相当完整地被“左”倾势力拿来当作国内批蒋的重要材料，这当然会在蒋经国心中画上大小不等的问号。

尤其蒋经国曾在报端撰文抨击蒋介石，更质疑他抛弃毛福梅而新娶他人，如今要返国面对老蒋与新的继母宋美龄，当然也让蒋经国有所疑虑。因此蒋经国在返国前，还在莫斯科当面问过中国驻苏大使蒋廷黻，蒋介石是否真的乐见他返乡。

蒋廷黻除大力保证，还为蒋经国采买了给蒋宋的礼物，分别是乌拉尔山黑色大理石的摆饰以及送给宋美龄的羊皮大衣。他看到这位受过苏维埃完整教育的青年情绪高昂地大谈改造中国大计划，低调地建议蒋经国尽量多了解中国各项弊病及原因再对症下药。

事实上，蒋经国《给母亲的信》这篇文章公布后没多久，蒋介石就已

◀1962 年，再游中横公路，潇洒自得。
中横公路贯通两年后，蒋经国携妻再次游览。这条拉动台湾经济的大动脉亦是蒋经国解决荣民（“荣誉国民”简称，指曾在国民党军队服役、退役后定居台湾的军人）生存、稳固政治大局的得意之作。带着妻子故地重游，除了忆苦思甜外，颇有几分得意与自信。蒋经国戴着礼帽与墨镜，跷着二郎腿，妻子双臂自信地交叉在胸前。台湾，真正成了他们最后的家

收到摘译版，认为“其为环境所迫而不忍怒笔之忱，则昭然无疑矣”，认定儿子“犹未忘本也”。但事实上，好面子的蒋介石搞清楚信中怨怼之言后，在日记中痛批“教子不慎，自坏家风，可痛可悲，纬儿决不至此也”。

因此蒋介石对蒋经国归国一事，并没有太多骨肉重逢的激动，其中原因，当然是两人一别十多年，他根本无从掌握蒋经国的性格。

蒋经国与宋美龄的关系也是蒋介石关切的重点。早在 1934 年，蒋介石就已经在遗嘱中写道：“余死后，经国与纬国两儿皆应听从其母美龄之教训。凡认余为父者只能认余爱妻美龄为母，不能有第二人为母也。”是以此时蒋介石也在观察，蒋经国到底要如何因应这个全新的家庭政治。

蒋经国于 1937 年 4 月初回到上海。全家先是搭乘火车到国民政府首都南京拜谒蒋介石，但还没碰面就收到蒋介石已返溪口的消息，之后蒋介石仍未指示要见不见。

表面上，蒋经国似乎对旁人表达担忧，是不是因为他未请示就带着苏联媳妇与孙子回来，让蒋介石不满？蒋经国当然知道其中关键。无奈之下，蒋经国只能先停留上海，与陈果夫、陈立夫、张静江等人说明现况；蒋介石也维持着“不愿即见”的姿态。

面对小蒋的抱怨，陈立夫提醒他，作为儿子，到现在还没有向父亲禀告这几年的经历与各种不是；同时国民党与蒋介石已经力持反共立场，因此建议小蒋，面对蒋介石，必须力陈自己已非共产党员，并应尽速加入国民党。此外，蒋经国更求助于往日的师长吴稚晖，希望能求见父亲。终于，在吴稚晖等人的穿梭下，蒋介石在杭州的国民政府主席别馆接见了睽违已久的蒋经国。

蒋经国一见蒋介石的面就跪下向父亲三叩首，接着老蒋带他到客厅去见宋美龄，蒋经国称她为母亲，随后将在楼下等待的妻儿也带上来介绍拜见长辈。蒋介石在会面过程中，为这位苏联媳妇取了个中文名字“蒋芳娘”，不过之后蒋经国还是把它改成谐音的“方良”。

紧接着，蒋经国一家人返回溪口蒋家旧宅，主持蒋家家务的毛福梅特地为新娘子办了场中式婚礼。不过蒋经国返国时的雄心壮志以及希望推动一些进步主张的打算被蒋介石浇了冷水。蒋介石以离国多年、中文荒疏为由，命令蒋经国在溪口小洋房闭门读书，时间长达八个月之久，更不许蒋经国擅自离开。

蒋介石聘请徐道邻为师，贴身教导蒋经国重新学习古文及王阳明、曾国藩学说著作，并要求他撰写《旅俄报告》以总结心得。蒋介石此举除了希望让蒋经国在留在奉化乡间反省、学习的过程中，摆脱左翼思维，还要求小蒋重新学习三民主义与《国父遗教——三民主义》，并恢复年幼时以书信向他报告学习心得的习惯。蒋经国也自许“以孙总理之主义为唯一思想，以吾父之事业为一生志愿”，好与老蒋交心。

聪明的蒋经国此时写信给蒋介石，信件称谓变为蒋宋夫妇，在信中也称宋美龄为母亲大人。但台湾前“国史馆”副馆长朱重圣在《亲情·国情·天下情——蒋夫人宋美龄女士与经国先生》一文中证实，小蒋与继母宋美龄从此时开始，仅是“保持最起码的礼貌与尊敬而已”的关系。

蒋经国在这段读书时间里重新拾起遗忘已久的中文，他的《旅俄报告》以及心得分析也让蒋介石颇为肯定。只是这份报告蒋经国还是以俄文写作而成，让蒋介石有所保留，希望儿子能尽快以中文整理回忆录；也因为蒋经国的际遇让人眼红，曾有人抹黑他连中国字也认识没有几百个，因此蒋介石对蒋经国的中文程度也特别忧心。

蒋经国虽然已经回到了故乡，但在字里行间并不隐藏他对社会改革或共产主义力求平等社会、群众动员的肯定。蒋经国或许知道，离他闭门读书不远处的雪窦山上，还有一位被蒋介石勒令闭门读书的青年，这就是西安事变后被蒋介石软禁的张学良。蒋介石同样给张学良请了一位老秀才，天天讲解“四书五经”。1937年，溪口成了这两个背景迥异之人的牢笼。

这段时间，或许是毛福梅和蒋方良这对婆媳毕生中最快乐的一段时间。两人一见如故，相处甚欢。蒋方良经常骑自行车在镇上逛，有时骑马，甚至还换上泳衣到溪中游泳。

本为无神论者的蒋经国接到蒋介石希望他研读《圣经》与《荒漠甘泉》的要求。宋美龄是虔诚的基督教徒，当初蒋介石迎娶她的条件之一就是要求他信教；如同日后对待张学良一般，宋美龄也是利用机会鼓励蒋经国信教。至于《荒漠甘泉》则是宋美龄亲自翻译送给蒋介石的一本基督教著作，鼓吹即使面临困境也要坚持信心、直到胜利，蒋介石对这本书极其珍惜，甚至死后也放到棺木之中。蒋经国对这本书反复研读，多次引用发言、著作。数年后，蒋经国全家都受洗成为教徒。

查赌、查毒、扫黄毫不手软，民众称之为“蒋青天”
赣南经验，成为小蒋以俄为师的试验田

在溪口闭门读书期间，王阳明的“知行合一”主张与著作成为蒋经国的重要读物，他也是蒋介石最钦佩的大学问家。在小蒋的解读中，王阳明不但鼓励人要追求学问，更重要的是把学问化为创造力与行动力，秉持着诚心，才能发生力量。这种谈法对笃信唯物观念的蒋经国产生非常大的吸引力，也成为他日后不断阐述的焦点。不过蒋经国可能很难想象，在他结束短暂的读书生涯后，蒋介石派他初试啼声的场合，正是王阳明曾经长期驻守过的江西赣南。

1937 年 7 月 7 日，抗日战争爆发，蒋经国自不甘停留在溪口乡间，因此主动请缨，希望协助。只是蒋介石在家书中则仍要求他专心学习中文、练习书法，不必为日本侵略分心。

在写这封信的同时，对蒋经国有着长远打算的老蒋已要求军政部长兼军事委员会参谋总长的何应钦思考该如何安排蒋经国的工作。由于军事委

员会并无适当位置，何应钦因此找到江西省主席熊式辉帮忙，于 1938 年 1 月派蒋经国担任江西省保安处少将副处长。比起蒋纬国在德、美受军事训练，回国后从中尉做起，蒋经国起步不凡。

江西省会南昌是蒋介石五次“进剿”红军的大本营。在蒋介石首肯下，27 岁的蒋经国带着全家人上路，连带毛福梅一同从溪口来到了南昌；至于蒋方良，则在 2 月 15 日产下女婴爱咪（Aimeek 或 Amy，即蒋孝章）。不过毛福梅待了一阵子后就因为不甚习惯而返乡。

蒋经国到任后，很快又兼任江西省青年服务团总队长与江西省保安处新兵督练处处长、伤兵管理处处长等职。由于有过红军与战争学院的完整训练，蒋经国在临川练起新兵来相当拿手；加上身边有蒋介石亲派的十多名委员长侍从人员，因此声势浩大。他雷厉风行地推动思想、军中休闲工作，外加士兵家眷有粮食配给、不准地主改佃、三年内不准债主逼债等优待，新兵人数与名声都持续攀升。

蒋经国从此时就展现朴实作风，不常穿军服，经常只带着一个警卫就四处巡查，主动和部队士兵打招呼。遇到百姓投诉有兵痞危害乡里，侵害良家妇女，也有蒋经国立刻将其拖出来就地正法的记录。蒋经国了解，赣南政绩就是蒋介石观察他才干的依据，因此他从不浪费自己的影响力，在全省各地突袭访视，让地方党政首长相当难堪。

1938 年 4 月，国民党召开临时全国代表大会，蒋经国虽然没有扮演重要角色，但他说服蒋介石，决议成立三民主义青年团，取代由戴笠组织、法西斯主义色彩浓厚的蓝衣社，以与国民党区隔，作为发展青年组织的骨干力量，解决清党后青年入党率明显偏低的危机。由于蒋介石力挺，三青团不但团员地位与国民党正式党员相等，甚至年逾 25，团员仍可无限期留在团里，不必转入国民党。

三青团如同另辟党的机器，加上三青团最高领导人系由老蒋亲信，身兼第九战区司令长官、陆军中央训练团教育长、湖北省主席等要职的青年将领陈诚接任，因此让长期操持国民党中央人事的CC系（中央俱乐部，也是二陈的英文第一个字母的拼写）陈立夫、陈果夫相当介意。无疑，这是蒋介石在帮蒋经国铺路，建立新的青年势力。只是返国不过一年的蒋经国并未直接任三青团中央要职，而是仅获拔擢，出任三青团中央委员兼江西省支团主任。

1938年抗日战争持续蔓延，也逐渐影响到整个国民党政府动向。该年10月，武汉、广州失守，蒋介石宣布在重庆建立抗日陪都。1939年3月中旬，日军第一〇一师已推进到距南昌数英里的城郊，熊式辉下令保安司令部新兵督练处迁到南边的赣州。

当时大批难民及公务员眷属开始疏散，蒋方良也带着儿女南撤，蒋经国则被调往位于重庆的中央训练团党政训练班第二期受训。结训后，于6月11日受任江西省第四区行政督察专员，下辖11个县，同时兼任保安司令、赣县县长等职。

所谓江西省第四区，下辖赣县、南康、上犹、大庾、崇义、信丰、虔南、龙南、定南、寻邬、安远共11县，专员公署设于赣县。就任后，蒋经国走遍赣南各地，到处与民众交谈，探访民情。“民饥我饥、民寒我寒”被他奉为圭臬。

当时赣南治安严重失序，只要隔一段距离，没有部队武装保护就可能遭劫，土匪多如牛毛，政策难以推动。蒋经国背后有庞大的国家机器支持他的财政，例如江西省的钨矿附加税；财政部盐务署的“浙、皖、闽、赣四省盐务督运处”也是由小蒋兼任处长；在第四专区征来的兵丁更可充实专区“自卫大队”及各县“自卫队”。因此蒋经国除收缴民间枪械、扩编已有3000兵力的赣南保安队，同时还成立超过600人的自卫队，对打击盗匪、地痞流氓毫不留情。

蒋经国此时的作为明显以俄为师，把从苏维埃学来的制度，包括集体农场、集体民主、计划经济等精神，缩小放在赣南，并从社会风纪与秩序的维持开始着手，因此他不断强调要“打倒坏人、保障好人”，还要彻底清查混在社会甚至政府体系内的土豪劣绅、害群之马。他甚至在《告新赣南革命同志书》中说，要组织政风纪巡查团，“将所有反革命的、假革命的分子赶出去”！

紧接着，他锁定黄、赌、毒进行扫荡，同样不留情面，执行“清乡”的任务。赣州布庄老板雷庆春被查获偷吸鸦片，家属四处请托，并答应捐献一架飞机赎命。熊式辉去电要求开释时，蒋经国仅复“电到已枪决，无以挽回”。一家由广东军人开设的土膏行，不但被蒋经国属下查封，蒋经国第二天还亲自当众将没收的烟土焚毁，黄烟直冒，香闻十里，就是要让所有人都知道小蒋是在玩真的。

蒋经国在赣南禁赌，不但亲自化装打扮成卖汤圆的小贩，趁赌徒出来买吃之际，冲到赌场取缔，更规定抓到的赌徒均须罚跪公园三天。一次，吉泰警备司令夫人被抓，警察打电话请示，蒋经国只回了句“管他什么司令太太、总司令太太，赌博抓到了一样罚跪”，立刻引来众多民众围观。众多的雷厉风行措施令当地民众对小蒋刮目相看，也让他赢得了“蒋青天”的称号。

母亲毛福梅死于日军轰炸
蒋经国手书“以血洗血”表抗日之心

此时蒋介石已逐渐肯定蒋经国的才干，加上两人交流机会渐多，因此老蒋曾在日记中说：“经儿来省，觉其见解明晰，常识较当，而举止亦有规范，不失大家子弟之风，是用快慰，惜纬儿不能在家团圆共聚耳。”

事实上，为取得父亲的肯定，蒋经国的确格外用心。虽然政务与军事繁忙，他仍聘请一位江西的老翰林谢远涵为师，教他王阳明心学，以及学习王阳明在赣南敉平匪徒安民生、教化群黎增民智的风范。为了达到蒋介石对书法的要求，蒋经国不但黎明起床运动之后即练字，更以老蒋的信件字迹摹练，实在相当不易。

不过蒋经国的苏维埃作风、群众路线，也给他惹来非常多非议。他曾邀请苏联军事顾问到南昌演讲，又亲自受邀到新四军驻南昌联络办事处演说，甚至屡称宋子文、孔祥熙等人为“大资产阶级”，这些都成为其他人打小报告的好材料。

立场“左”倾的蒋经国在某种程度上也更为支持推动抗日民族统一战线，尤其相较国民党其他统治区域，更容忍中共活动。赣南政工大队队长曾是中共外围组织江西部门负责人，不但跟小蒋交好，蒋经国还一度允许政工大队学习马列主义；专员公署附属机关发行的一份刊物甚至还成为中共地下党刊物。秘密销售延安出版书籍的生活书店，唯独在赣州没有被查禁，就连《新华日报》也能公开发售。因此蒋介石早在蒋经国赴江西后不久，即通过戴笠，指派黄埔毕业、忠义救国军负责人文强定期和蒋经国谈话，讲解政情，以免蒋经国受到影响，并提醒蒋经国不要对苏联有太多赞誉。

1939 年 3 月，蒋介石为了培养蒋经国，更将他调到重庆受训，不但多次肯定他“言行皆有条理，不苟不骄”，父子俩也有了更多私人互动的机会。

1939 年 12 月 12 日，日本为向蒋介石示威，特地选在西安事变同一天，动用六架飞机轰炸溪口并以机枪扫射，丰镐房被炸毁，隔日早上才在屋后断垣发现毛福梅的尸体，确定其遭枪伤又被断壁压倒身亡；溪口毁屋超过 80 间。老家亲友通知蒋经国，他随即赶回老家奔丧、料理后事，将母亲遗体暂殡摩诃殿后，前后在溪口守灵一个月。

蒋经国是毛福梅的独子，滞苏十余年未归，导致心地善良的毛福梅多次与蒋介石哭闹，并一心向佛，希望换得蒋经国返国。毛福梅还曾对儿子说：“余之一生受难受苦，为汝父也，为汝家也，为汝也。”蒋经国也曾回忆，自苏联返回国门时，身上穿的就是毛福梅 12 年前为他留苏之行缝制的旧棉袄。母亲此番遭日军杀害，蒋经国怀着悲愤心情，手书“以血洗血”

四个大字，立碑在丰镐房旁。

蒋介石隔日接到蒋经国与老家的人来电，得知家中被炸、毛福梅死亡后，痛愤地自称“接经儿电，方寸不知所止，以后祖业家务不易想得主持之人”。但他也提醒蒋经国，在非常时刻，葬礼一切从简、从俭，并且不要张皇发讣，以免被敌人拿来利用、扩大宣传。

蒋经国则写了封长信，称“目睹惨状，痛苦欲绝”，怀念“夜间织布补米袋，每春则提篮采桑养蚕”的母亲，并向蒋介石哭诉：“儿本不想将以上诸事禀告大人，但今日除大人外，尚能与何人谈心事耶？”并坚称：“今后唯有以最大之决心献身党国，为大人尽忠尽孝。荣华富贵，等若浮云。”

蒋介石担心蒋经国过度伤心，还特地借着到柳州主持军事会议的机会，命蒋经国前来相聚，前后长达半个月。之后不久又发生日军破坏毛福梅坟墓的惨事，蒋介石怕蒋经国伤心，一连多封急电，要他效法汉高祖被项羽威胁而不屈服的前例，以革命成败为怀，而不要被敌人发现心理弱点，须以公忘私。通过这一连串事态演变也可以看得出来，两人亲情已在紧密结合中，不复当年的疏离了。

章亚若事件疑云掩遮半个世纪

回到赣南，蒋经国继续推行新政，这些新政包括实行星期四接待日倾听民众意见。像当地一家农户独子被征兵，蒋经国知道后，派人将农户独子从部队找回。受苏联计划经济影响的蒋经国于1940年1月提出新赣南建设三年计划，计划三年内做到“人人有工做，人人有饭吃，人人有衣穿，人人有屋住，人人有书读”的“五有”目标。

根据他的想法，希望在三年内办331个工厂、314个农场，开垦两万亩荒地，建筑2995个农业示范区、259个新校舍，成立3000个合作社，以及 6043 个水利工程，总计经费 1200 万元。他除了要求人民节省、自动捐献之外，也主张吸收外资或银行借贷来支应，甚至要清查侵吞公产公款的贪官污吏，借此筹足经费。

为落实政策与培养班底，蒋经国特地在赣南开办前后五期的三青团江西支团干部训练班（简称干训班），吸引不少青年主动参与，前后培训超过 500 人，成为日后“太子系”人马的骨干。他稍后还继续开办新赣南经济建设干训班与多期虎岗青年夏令营，都深获好评。

但也从赣南开始，高喊“效忠团长”“青年的领导者”“拥护蒋专员”“蒋专员是我们的灯塔”等各种拉帮结派、定于一尊的气氛逐渐酝酿。虽然蒋经国对外禁止这种风气与作为，但在派系意识推波助澜下，无疑此即蒋经国旗下政工系统强调效忠领袖的思想滥觞。

只是蒋经国路线并未因此一帆风顺。蒋经国的“左”倾路线，早已经引起相当多人的怀疑，不但批评他要在赣州搞共产，还有人质疑他的苏联妻子（蒋方良）“是斯大林派来监视他的”。

1940 年 3 月间，中统、军统等系统不断向老蒋指称有共党分子混到江西班底，三青团江西支团负责人陈宗滢、江海东会同宪兵包围青年服务社，逮捕从事青年工作的中共地下党员，搜出毕业证书、大量马列主义书籍、《新华南》杂志等资料并取得口供。老蒋为此在重庆约见蒋经国，要求他尽速处置。

小蒋虽然保住了戴笠名单中与他关系密切的黄中美等人，但他返回赣南后，随即大捕共产党人，容共气氛逆转，包括黄中美、徐君武等莫斯科中山大学背景的幕僚也被陈立夫换成以周灵钧为主的中央政治学校学生。诸多冲击让蒋经国不再如以往般亲近人群，作风越来越隐秘。

正是在这个背景下，酝酿了章亚若事件。有着一张秀气圆脸的章亚若是江西人，原籍浙江，生于 1913 年，父亲不但秀才出身、北京政法大学毕业，也是南昌城内有名的律师。章亚若在兄弟姐妹中排序第三，个性活泼伶俐，自小深得父母疼爱，并被送到由美国教会创办的南昌私立葆灵女中求学。章亚若肌肤白皙，品学兼优，诗词书画样样精通，弹琴下棋，能歌善舞，是公认的校花。

章亚若15岁时曾与表哥、任职于南昌高等法院的唐英刚有段媒妁之言的婚姻，先后生育两个男孩，不过两人感情并不好。受西式教育的她个性开放，婚后仍到南昌高等法院上班，参加各项社交活动，看电影、唱新戏，交友广泛；夫妻两人因此离婚，唐英刚则自杀以终。

1939年年初，章亚若全家自南昌南下赣州避祸，章家人口多、开支大，为补贴家用，她向蒋经国毛遂自荐，由于求职信文笔通畅，让蒋经国相当感动，因此安排她到公署图书馆工作，整理书报资料。

两人初见后，蒋经国对章亚若留下了好印象，加上她勤奋细心，积极参与公署救护队等服务，深为蒋经国嘉许并公开表扬。章亚若在国剧上别有造诣，并常票戏公演，更让蒋经国为之倾倒。

章亚若很快就被小蒋提升到公署抗日动员委员会担任文书，并被选拔到三青团江西团支部干训班学习——蒋经国就是介绍人。章亚若参加三青团培训后，与其他学员一般，建立起对蒋经国的崇拜；也就在这段时间，两人朝夕相处，爱慕关系有了发展，旁观者一目了然。

返回公署后，蒋经国更将章亚若分配到秘书室工作，担任他的专职秘书，工作包括察访民情、搜集信息、接送官员等。二人几乎形影不离，秀外慧中的章亚若成为蒋经国难得一见的红粉知己。小蒋对章亚若服服帖帖，章亚若的聪颖干练也弥补了蒋方良的许多不足，她甚至一度以家庭教师的名义出入蒋府，还在1941年蒋方良赴重庆拜会公婆期间，帮忙照顾蒋经国的两个孩子，不过蒋方良对此毫不知情。

当时章亚若住在赣州江东庙附近的一幢旧宅里，几乎每隔一两天的晚上，蒋经国都会开车或徒步造访章家。小蒋幕僚漆高儒也称，曾应蒋经国之邀，在章亚若闺阁内共同用餐；章亚若甚至还请来当地巫婆问米，请的是蒋经国的母亲毛福梅，蒋经国竟向亡母报告她又有了个儿媳；两人的婚外情几乎已是专员公署心照不宣的秘密。据说蒋经国一生也仅送过章亚若一次礼物，就是从重庆旧市场买来的欧式镜子。

没过多久，消息传到重庆，蒋介石对儿子的婚外情未太重视。后据说陈立夫等人十分不悦，因此向蒋再度汇报相关消息后，老蒋即承诺好好跟蒋经国谈谈，要蒋经国与章亚若一刀两断。在父亲的压力下，蒋经国表面同意，但返回赣南后仍和章亚若形影不离。身边幕僚好意劝他不要横生花边新闻，还遭到蒋经国的斥责与放逐。

1940年年底章亚若怀孕，蒋经国秘密安排她到桂林待产，对外称章亚若结婚嫁给了一名广西大学学生，小蒋也常去看望。章亚若于1941年5月2日在桂林医院产下一对双胞胎男婴；由于是六个多月大的早产儿，章亚若给兄弟俩取了大毛、小毛的小名，意思就是大猫、小猫。

得知章亚若即将临盆，蒋经国想尽办法赶过去照料。以组织粤桂湘省政参观团为由，他安排了一场长达两个多月的行程，并把桂林列为最后一站；接着小蒋以提前安排行程为由，从活动开始即停留桂林，直到全团两个月后抵达桂林，他再随团返回赣县。这段时间内，他更以医院街道名称丽狮路，将兄弟俩的乳名取为丽儿、狮儿，即日后的章孝严、章孝慈。

之后每隔一段时间，蒋经国就会到桂林去看看章亚若及其双胞胎儿子，但他也晓得，在当前状况下，实在无法给章氏母子任何名分；即使两人以电报联系，章亚若都还要用假名“云英”。可是纸包不住火，章亚若在桂林生子的消息在赣南与重庆逐渐传开，蒋介石甚为不悦，决定将儿子调回重庆，章亚若的生命也走到了尽头。

1942年8月，仍停留桂林的章亚若因友人请客，丢下两个小孩独自赴宴。回家后突然头痛胸闷，上吐下泻，连夜送省立医院救治；原本病情有所好转，但半夜因血中毒而身亡。章家深感死因不正常，带着两个小孩连夜匆忙逃走。蒋经国得知章亚若的死讯后，哭过好几场，为掩饰哭肿的眼

男童军们在游行。

蒋经国这位从苏联回来的前联共（布）党员，在江西这个偏远的小城，试行着他的共产主义改造运动。童子军们都被发动起来，在街道上宣讲新思想与清洁运动。墙上的标语则展示了“为全人类建立幸福”的字样。这个小城正在发生着某种与传统中国不一样的故事

蒋经国正在检阅新童军。

主席台上写着“我们要建筑科学的万里长城”，这句话在今天看上去仍不过时

蒋经国在他的县政府办公室。
图片说明他在主持公开法庭。亲民的蒋经国露着他标志的笑容，周围的民众围在他的身边，似乎亲密无间的样子。
事实上，蒋经国在这个小城的办公室，似乎一直在向他的民众开放

蒋经国在赣州继续推行他的新政，这些新政包括每周四开办的民众接待日，倾听民众的意见。每当这天，都会有许多有意见的民众来找他，坐在他的周围，向他倾诉。蒋经国总是谈笑风生，现场办公解决难题。包括有个民众独子被征兵，小蒋听说后，便派人从部队将他找回

蒋经国访贫问苦的方式非常独特。
这是他在一家茶馆里询问老板娘的生意，并且翻开她的账本来，现场体察

蒋经国与保育院的孩子们。
小蒋与孩子们在一起时总是非常开心。曾有记者称，这时候的他是一个大孩子，而不是一个心机深重的“太子”

蒋经国检阅三青团员 。
蒋经国先后在江西开办了三期干训班，共 500 多人，而这些人以后大部分都成为了“蒋太子”的班底

蒋经国在这个江西小城的特立独行还包括他总是一身白衣，行走在街头。这与他的身份一样显赫

睛，还特地叫人买了一副黑眼镜戴上；此后一年多时间，他始终郁郁寡欢，也了解是自己连累了章亚若。

至于是谁下的毒手，包括戴笠的军统、陈立夫的中统，都曾被怀疑；蒋孝严则怀疑是蒋经国亲信部下所为；漆高儒也承认，章亚若在桂林仍以蒋专员夫人自居，格外招摇，黄中美等蒋经国的同学兼幕僚一度起了杀机，避免章亚若影响蒋经国前途。但这个笼罩超过半世纪的疑云，至今始终无人能证实真相。

至于章亚若的两个儿子，则先是被章的义姐桂昌德和妹妹章亚梅照料，再交由远在江西万安躲避战乱的章的母亲周锦华抚养；据说蒋经国还曾偷偷前往探视。直到日本占领万安后，章氏兄弟又随家人逃到贵州铜仁，并由章亚若的弟弟章浩若收养，而章浩若也在蒋经国推荐下出任了铜仁县县长。事实上，蒋介石不但知道章亚若的背景与底细，也知道蒋经国的私生子是双胞胎，只是没有说破罢了。

两年后，章家兄弟俩与家人回到南昌井头巷居住，蒋经国决定让两个儿子改姓章，不归宗蒋家，只取名孝严、孝慈。直到 1946 年，中华民国还都南京，蒋经国出任三青团组织部长，才把两兄弟接到南京玄武门外暂住；1949 年又返回南昌，经厦门迁台。

1945 年后的蒋经国，终回归中央

蒋经国在赣南的专员生涯，一直持续到 1945 年。事实上，早在 1944 年，蒋介石就已指派蒋经国到重庆主持中央干部学校，令其在两地奔波。但小蒋坚持到日军攻占赣县的前一天，才被蒋介石派出的 DC-3 专机接走；至于蒋方良与子女，则已早一步撤往重庆。

平心而论，蒋经国持续推动赣南计划的确产生相当功效，他共设立六

个扶植自耕农示范区，区内大部分做到耕者有其田；还在农村推行取消苛捐杂税政策。此外，蒋经国在平时举办夏令营、训练学生的地点，创建了中国儿童新村——之后更名为“虎岗”，以正气小学为主体，并设有托儿所、正气中学；初期就招收了1200多名学生，大部分是无家可归的难童。他还先后在赣南成立了30所中学。

承继苏维埃对群众动员与文宣的重视，1942年8月13日，蒋经国在《正气日报》发表《新赣南家训》，包括“东方发白，大家起床，洗脸刷牙，打扫厅房。天天运动，身体健康，内外清洁，整齐大方”“甘心卖国做汉奸，辱祖辱宗害亲房。不论农工商学兵，都做堂堂好儿郎”“男女老少受军训，全体动员拿刀枪，人人都是中国兵，个个都去打东洋”等。由于通俗易懂好记，并且结合了百姓生活习惯与新风俗劝导，这成为他推广赣南新政的基本教材。

赣南建设让蒋经国获得相当好的名声，更被前来采访的美国记者称为“未来新中国的范例”。不过也不是每个人都满意。由于严刑峻法，加上用民众的钱推动建设，连蒋经国自己都知道，当地民众有很强的抵制情绪。蒋经国还成立了“交易公司”“平价委员会”，不但抵制日货，更规定商人只准按价格出售商品，否则被视为奸商，将被严办；民生必需品，如粮食、盐、油、肥皂等，则由公营的赣南交易公司贩卖。类似的做法不但不受欢迎，更导致物价高涨、经济萧条，只是被蒋经国的权力压了下来。

蒋经国在新赣南的建设，无疑是以苏联计划经济与共产主义的思维作为模板。类似的做法，在未来蒋经国到上海，甚至在台湾执掌经济大权时，依旧不断重复发生，使得他与许多自由经济学者发生意见上的冲突。

▶ 蒋经国在这个小城推行的新政还包括这个独立的意见箱。
这幅摆拍出来的在意见箱投票的图片，其实说明的是，蒋经国以“左”倾的方式改造国民党的行为。这在许多时候都让来采访的苏联记者，有种恍然在国内的感觉

江西省第四區
意見箱
中華民國三十一年八月　日

"人在走路时，转弯最重要。"

◀ 蒋经国肖像。

这个矮个子的"太子"，形象并不如其号称"民国四大美男"之一的父亲蒋介石出众，但你不能忽略他那副招牌式的笑容。尽管美国《时代》周刊的记者对这位"太子"推行的新政抱以期待，但他却说这个笑容是他最看不懂的谜

第四卷　蒋介石“培用太子计划”

- “做官的莫进来，发财的请出去”。蒋经国筹办中央干校与青年军
- 参与斯大林谈判，彰显“太子”身姿
- 东北接收交涉失败，小蒋在国内失势，保持低调
- 小蒋身陷党团争斗。中央干校的溃败
- 蒋介石庭训

▶ 蒋经国任青年军政治工作人员训练班主任时，卧在地上检查受训学员内务。

青干班创办时，蒋经国全权操持，从学习课程、训练方式到内务管理皆照搬莫斯科中山大学的一套，只是把“列宁主义”换成“三民主义”，同时掺和一些他在溪口学到的中国传统道义精神。训练班事无巨细，他都要过问，并把“三青团不是少爷小姐俱乐部，不是官僚政客摔跤场”作为办班的指导思想。他的苏联情结在青干班再度蔓延，不仅借鉴了在苏联的干部训练方法，还别出心裁地提倡推行“爱、美、笑、力”的训练方针——“什么是爱？真正的爱，就是‘广慈博爱’。……真正的爱情是超越了爱个人、爱家庭的范围，而寄托在爱人类、爱国家的上面的。……什么是美？美就是理想，就是希望，从来没有不美的理想、不美的希望的。……什么是笑？笑是快乐的表示，笑是一切的原动力；真正的笑，就是对革命的乐观，对工作的快乐，对事业的兴奋。所谓‘力’，就是力量、力气、努力、能力、力行的力。世界上的一切进步，是力创造的。……唯有‘力’，才可以‘爱’，才可以‘美’，才可以‘笑’。……‘爱’‘美’‘笑’‘力’，相互关系，相互促进。”

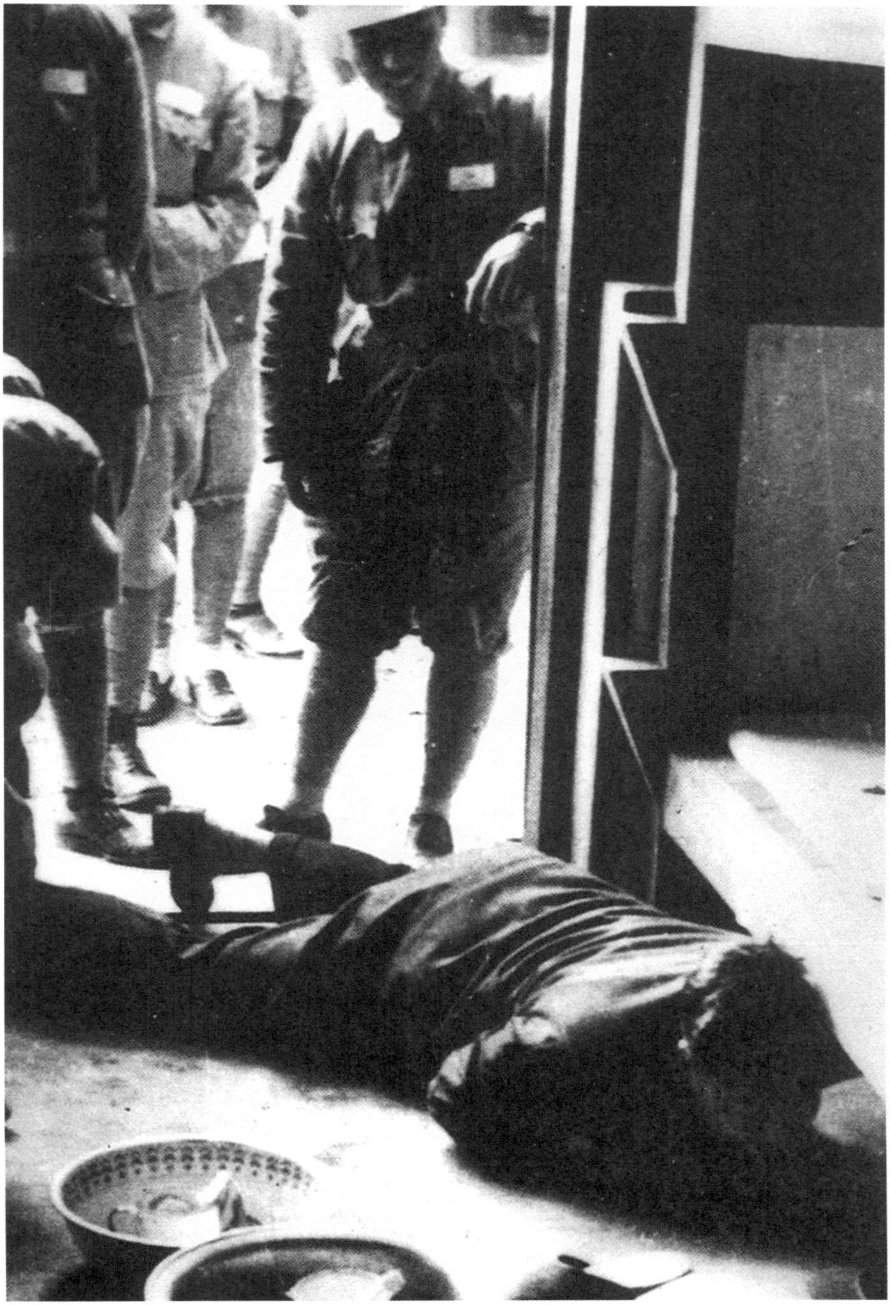

蒋经国主持赣南行政工作时，经常穿着一双草鞋到各地探求民隐。他走遍辖区内 11 个县的每个角落，“步行 2850 里路，经过了 974 座桥，其中有 714 座需要修理，84 座是不能走的”。他亲自编写的《新赣南家训》成为当年妇孺老幼都能倒背如流的口头禅。他最先在赣县吉埠建设“扶植自耕农、耕者有其田”的示范区，把实现“人人有工做，人人有饭吃，人人有衣穿，人人有屋住，人人有书读”作为基本目标，无疑是以苏联计划经济与共产主义的思维作为范本

1942 年，蒋方良独照。

是年，她已到中国五年，这亦是抗战的第五年。远在欧洲战场，蒋方良的家乡也正经受着战争的摧残。不过，她身着靓丽的格子连衣裙，夹着小白包，脸上看不出悲伤，是个俏丽的少妇。大概，她正沉浸在美妙的家庭生活之中

1943 年 8 月 12 日，江西。
蒋经国率领赣县夏令营访问南岳。蒋经国在赣南时期便展现朴实与亲民的作风，不常穿军服，只带着一个警卫四处巡查探访民情。小蒋深知，赣南政绩是蒋介石观察和考核他才干的依据，因此他时时处处充分施展自己的影响力，累积声望

1944 年，蒋经国与蒋方良结婚九周年之纪念留影。

蒋方良的俄文名是芬娜，随蒋经国南来中国后，她的公公蒋介石依谐音为她取了温婉的中国名字：蒋芳娘。而蒋经国生母毛福梅不甚喜欢此名，认为“芳娘”的叫法让长辈叫起来就乱了辈分，于是再依谐音改为“方良”，更对洋儿媳妇寄予了“方正贤良”的美好期望。芬娜的人生轨迹就此改变，从内心一步步蜕变为逆来顺受的中国妇女。婚后的第七年，蒋方良的长辫被波浪卷的短发代替，身着传统的中式旗袍，散发出少妇的妩媚。入乡随俗的她也学会了汉语，还是一口正宗的宁波腔。只是此生她再无机会回到故土，母语也鲜有再说

1945 年的一帧美好留影。摄于是年 10 月 25 日，重庆。
蒋孝文与母亲深情对望，蒋方良笑得满足而美丽。蒋经国与蒋方良的四个混血儿女都有着俊俏可人的面孔，眉眼之间继承了汉俄两族的血统。孩子永远是母亲的心头肉，蒋方良抬眼与爱伦（蒋孝文）垂目的瞬间，含情脉脉，温暖无限

1945 年，蒋孝武在抗战的炮火中生于重庆。
当时物质条件恶劣，且日本飞机滥炸重庆，随时有生命危险。不管生活如何艰苦，婴儿的容颜总能带给母亲莫大的欣悦

1945 年 10 月 25 日，蒋方良与蒋孝章合影。
1938 年出生的蒋孝章，是蒋经国与妻子蒋方良唯一的女儿，亦为蒋家“孝”字辈唯一的女孩，自然深得祖父母和父母的钟爱。蒋家唯一的大小姐在蒋家地位之优越，是第三代兄弟中无人可比的。中俄混血的孝章样貌出众，虽为孩童，却已出落得亭亭玉立，初露大方典雅的气质

“妈妈我爱你！”一双儿女热情亲吻妈咪的亲热照片，是蒋家常见的儿女亲情图像

蒋经国夫妇和儿女孝文、孝章外出郊游。

孝文和孝章经历过和父母在一起的艰难时光，随着生活条件的逐渐改善，注重家庭的蒋经国时常带着全家外出野餐与游历。这样的家庭场景也成为国民党官场中的异样风景

蒋中正、宋美龄夫妇与蒋经国全家祖孙三代合影。1946 年 2 月 2 日，重庆。
蒋介石怀抱未满周岁的蒋孝武，与宋美龄坐在正中，左右分别站着长孙蒋孝文和孙女蒋孝章，蒋经国夫妇站立在他们身后。家里的每个人都面带笑容，抗战胜利了，他们的家也将随着迁回南京

1946 年 2 月 8 日，重庆。蒋介石怀抱蒋孝武携全家人合影。
蒋孝武自出生之日就笼罩在家族的政治光环中，养成了不羁与放纵的性格，喜欢与哥哥孝文较量顽皮与搞怪的本领。蒋介石每每坐在椅子或沙发上看着两个孙子嬉闹，常对身边的人说："这个孝武啊，眼睛经常动不动就眨呀眨的，可见他是个计谋多端的'鬼灵精'。"日后成年的蒋孝武，也是颇具神秘色彩的政治人物

蒋经国服侍宋美龄穿衣。

作为蒋介石生前最亲近的两个人，蒋经国与宋美龄的关系堪可玩味。由于二人年龄仅相差 13 岁，宋美龄很少以母亲自居，而孝子蒋经国因生母毛福梅受父亲冷落，一直对宋美龄耿耿于怀。识得大体与懂得形势的蒋经国深知，宋美龄在家庭与政坛的地位举足轻重，因而对其谦恭有加，服侍左右。宋美龄常在人前人后称赞："经国是最讲礼貌的。"

宋美龄与经国弈棋，妻子方良与弟弟纬国观战。
执棋者眼观六路，观棋者饶有兴致，这是欢乐和美的一幕，祥和融洽

◀蒋介石夫妇、蒋经国夫妇带领孩子们出游。

蒋介石抛开政治上的挫败与创伤，领着儿孙们踏青郊游。蒋经国少有地轻松坐下，不带任务性质地感受家庭和乐的美妙。宋美龄和蒋方良的脸上也展露笑颜，暂且忘却了烦恼和忧伤

第四卷

蒋介石“培用太子计划”

“做官的莫进来，发财的请出去”
蒋经国筹办中央干校与青年军

蒋介石对于蒋经国的未来有着较深远的考虑，从赣南开始，就不断为蒋经国提供各项实质协助。最早蒋经国力主增强青年培训力道、投入地方治理工作而开办三青团干训班时，蒋介石就选派了72名中央军校政治训练班结训学员赴赣南再培训，包括王升等人都在此时进入蒋经国班底。

蒋经国相当留意文宣战的效用，因此创办了《正气日报》，还设立通讯社、出版社、书店，并喊出“到赣南来”的口号，希望与延安抗衡。但没多久，国民党许多老人在他背后议论纷纷，认为小蒋太过张扬，连蒋介石都去函提醒他，尽可能不要大张旗鼓，以免招忌。

蒋介石对持续拉近蒋经国与宋美龄间的关系格外用心。1940年10月，宋美龄在香港养病，刚好蒋纬国自美受训完毕后返国，蒋介石特地派蒋经国到香港迎接蒋纬国，并为他引见宋美龄。这也是蒋经国首度踏上香港的土地。

蒋经国虽然在行政上是在赣南担任专员，但蒋介石为加速对他的历练，不时以特别任务的形式，指派蒋经国到重点区域代替他巡视。珍珠港

◀1946年2月摄于重庆的全家福。
蒋方良左右手牵着长子孝文和女儿孝章，蒋经国站在妻子身后，怀抱着尚不满周岁的次子孝武。抗战结束后，蒋经国频繁奔走于东北与莫斯科，难得与妻儿相聚。随着国都迁回南京之际的临近，这也许是他们留在重庆的最后影像

事件后，美国加入战局，为蒋介石提供全新盟友协助力量。1942 年 1 月，蒋介石派出第五军、第六军投入缅甸战场，确保滇缅公路畅通，并带领蒋经国一同在腊戌会晤美方派出的中印缅战区司令史迪威，同时检阅部队。蒋经国接着还独自留在腊戌一个星期，代表老蒋慰问第六军每个连队。

同年 4 月，蒋经国更承蒋介石之命，在西安与蒋纬国会合后，前往西北考察，目的在于拉拢盛世才与新疆的少数民族领袖，并观察新疆形势。盛世才来年重返国民党，并迫使苏联部队撤出新疆，同时大规模搜捕中共党员，毛泽民等人均因此遭遇迫害。

1943 年，在蒋介石的支持下，蒋经国主张扩大三青团培训干部规模的建议获采纳，三青团第一次全国代表大会通过筹设干部学校的决定。蒋介石还指派蒋经国任教育长，负责在重庆筹办校务，希望与中共抗衡，争取青年认同与支持，为抗战结束的重建工作做准备。

1944 年 5 月，三青团中央干部学校在重庆马家寺开训，之后迁往复兴关中央训练团旧址，培训全国青年高级党政干部；第一期学员是从全国具大专学校背景的三青团团员中甄选，采取军事管理，还把蒋经国亲撰的警语“做官的莫进来，发财的请出去”挂在门口自勉。在蒋经国指示下，干校由学生成立自治政府，号称“政治黄埔”，因此一时士气相当高昂。加上小蒋奉派出任中央训练团教育长，“太子”开始在国民党中央与青年团同时有基地培养班底了。

由于日军此时已攻下长沙、衡阳，重庆震动，蒋介石同意蒋经国的提议，将美方提供的 39 个师中的九个师的编制装备，组训一批由知识青年组成的新军。为征集知识青年从军，蒋介石除同意从军后免费升学、优先就业等条件外，还特地成立全国性的知识青年从军征集委员会，并喊出“一寸山河一寸血，十万青年十万军”的口号，也就是所谓的“青年远征军”。

青年远征军所辖二〇一至二〇九师，归属军事委员会训练处管辖，由军政部长陈诚担任总司令，蒋经国担任中将政治部主任，因此青年军并未如其他部队般受军中政工制度节制，而是一支独立运作的部队。蒋介石之后把“远征”二字从名称上去掉，直接称“青年军”。当时青年军师长等指挥官的任用，不仅要通过蒋经国主持的青年军干训班考核，还要经过蒋介石亲自审定才能发表，青年军的政工完全在蒋经国成立的青年军政工干部训练班毕业学员内选拔派任。

由于抗战救国气氛高涨，青年军人数暴增到14万人。但因招募顺利、人数过多，第一阶段只能先训练四万名新兵；同时为保全青年军实力，原定受训三个月后就投入第二线战场，随时准备上第一线，但实际上训练期满后又延长训练，因此青年军并未与日军有任何直接对垒的机会。与此同时，三青团人数也在积极运作下急速攀升，至于蒋经国主持的中央干部学校培训成员，结业后也多半直接投入青年军政治干部工作，让这支队伍的属性非常引人瞩目。

蒋经国对于国民党的暮气沉沉非常不满，多次写信提醒老蒋。由于入团后的特殊待遇，三青团已经成了升官发财的渠道，尤其康泽与复兴社（“中华复兴社”的简称）把持的组织部，更把三青团搞成小圈圈，步国民党各派系生活腐化、失去革命意识的后尘。蒋介石此时再度指派充满抱负的蒋经国出任三青团的政治部主任，不但让他在掌握三青团上更进一步，更隐然有“太子系”人马成形、可与党中央组织与动员力分庭抗礼的味道，也为抗战后党团激烈对抗埋下了导火线。

参与斯大林谈判，彰显“太子”身姿

1944年年底，八年抗战步入尾声。1945年列强为争取苏联对日宣战，在未通知中国的情况下，签订《苏美英三国关于日本的协定》，即《雅尔塔协定》，让蒋介石损失惨重。

由于美方单方面同意把旅顺和中东铁路交还给苏联控制，加上外蒙古维持现状等多项关于远东问题的条件，以换取苏联同意调遣25个师越过西伯利亚，秘密出兵东北攻日，确保盟军在陆地作战的胜利，斯大林要求此军事行动要暂时对中国当局保密，等到部队全部转移完毕后再由美方告知。

蒋介石发觉苏联介入政局已不可避免后，只好如列强要求，派出国民政府外交部长宋子文，于1945年6月27日前往莫斯科谈判《中苏友好同盟条约》。面对苏联，有留苏背景的蒋经国自然成了蒋介石征询的重要人选，他也指示蒋经国以顾问身份随团访问。至于蒋介石关切的基本问题，除了驱除日本军事力量外，当然也包括了向斯大林保证国民政府对苏联的友好关系不变，希冀通过与苏联关系的深化，制约中共，并降低、解除中共领导的军事武装力量。

莫斯科谈判期间，宋子文回报斯大林对东北问题尚可让步，但对承认外蒙古独立一事则格外坚持。其间，小蒋参与了几次公开会谈；让宋子文不满的是，蒋经国竟然能有机会与斯大林私下密谈。

仅挂着上校军阶的蒋经国，此行最主要目的本就不是谈判条约，而是以国民政府主席蒋介石私人代表身份，建立中苏间高层对话渠道。斯大林不管公开还是私下都展现了欢迎蒋经国来访的热诚。在双边一开始的礼貌性会面时，斯大林当着宋子文的面，特地让警卫递上一支俄制冲锋枪，致赠给蒋经国当作礼物；双方私下会晤时，他又拿出一把苏制左轮手枪送给蒋孝文，以突显双方关系友好。

与斯大林晤谈过程中，虽然蒋经国根据蒋介石训令，提出排除美国在东北开发的参与，探询苏方能否保证中国对东北中苏共同实业的控制权，但关键问题仍在外蒙古独立上。小蒋虽力争中国因割让领土而与日本交恶，因此国民无法接受以外蒙古独立为条件，换取苏联参战，但斯大林推动外蒙古独立的立场坚定，宣称此举是为苏联的军事战略考虑并预防外敌攻击，导致蒋经国的努力毫无成效。

斯大林的强硬态度延续到外蒙古地位问题的正式谈判，他毫不理会宋子文在中国不放弃对外蒙古拥有主权的前提下，给予外蒙古高度自治权的提议，迫使蒋介石让步，以外蒙古独立交换保持东北领土、主权及行政之完整，且苏联不再支持新疆脱离中国的动乱。斯大林保证苏联会与蒋介石密切合作，担保日军投降后三周，苏军就会开始撤离东北，在三个月内撤军完毕。

此时虽然国民党对外嘴硬，但外蒙古问题让步、承认《雅尔塔协定》已是不争事实。到了 7 月，在党内依旧质疑声不断的情况下，蒋介石再度派出宋子文担任首席代表，赴莫斯科签署中苏条约，蒋经国与国民政府新任外长王世杰、熊式辉均随团前往。

宋子文以早已辞去外交部长为由，坚持不愿在这份放弃外蒙古的条约上署名，同时未待签字即离开。8 月 14 日，代表团系由外交部长王世杰在《中苏友好同盟条约》上签字。

《中苏友好同盟条约》所附的王世杰致苏联外长莫洛托夫的照会称："兹因外蒙古人民一再表示其独立之愿望，中国政府声明，于日本战败后，如外蒙古之公民投票证实此项愿望，中国政府当承认外蒙古之独立，即以其现在之边界为边界。"

东北接收交涉失败
小蒋在国内失势，保持低调

苏联对日宣战后，隔日日本天皇即宣布无条件投降，但 70 万红军依旧依《雅尔塔协定》开入东北，林彪率领八路军也迅速跟进，接管各地行政与部队武装，即将上演的东北战役成为影响战后国共力量消长的关键因素。事实上，虽然美国派出军机协助，但由于苏联阻挠，蒋介石的 11 万

部队根本进不了东北，只能在天津、秦皇岛一带登陆并蓄势待发，而中共在东北与华北实力的暴增已是不争事实。

事实上，原本美国建议，在国民党无法兼顾华北与东北同时接收的情况下，先把东北暂时交给中、美、英、法、苏五国共管，但遭抱持统一立场的蒋介石拒绝。但为确保苏联的合作态度，蒋介石于9月间派蒋经国出任外交部东北特派员，随同东北行营主任熊式辉、东北行营经济委员会主任张嘉璈，赴长春与马利诺夫斯基元帅协商苏军撤出中国东北与接收事宜。

国民党政府与苏联红军双边于10月13日展开会谈，当时八路军已在长春、沈阳外扎营。苏联先是以大连是商港、旅顺是自由港为由，拒绝蒋经国所提由美舰协助国民党部队登陆的要求。几经磋商后，苏军同意国民党在葫芦岛登岸，但美国派出军舰时，发觉八路军已占领葫芦岛，蒋介石部队只能在长城以南登岸，依旧进不了东北。

蒋经国的接收磋商工作也不断碰壁，先是苏军坚称接收的日军的武器已经运回苏联，同时国民党所派500名准备负责接收任务的官员虽陆续抵达长春，却因苏联军方拒绝这批人员离开长春，又不愿出借飞机、汽车等运输工具，导致国民党根本无法前往各地展开接收。苏联一度宣称愿在部队撤退前四天协助空运人员到接收地，但因日期未定，根本是空话一句。

在磋商过程中，苏方更指控国民党意图煽动反苏活动，虽然蒋经国否认，但陈立夫却刚好于此时在中国各城市发起反苏示威。眼看国民党官员无法离开长春展开接收，熊式辉力主不顾苏联反对，自行派员到地方招募部队。这些都与蒋经国希望忍让、维持中苏友好关系的立场相违背。

在陈立夫建议下，蒋介石在11月初致函斯大林，希望协商化解国共冲突危机；随后他还告知蒋经国，国民政府决定撤回东北行营，不再敷衍，以突显苏联背信；但他也透露，如果苏联仍愿意合作挽回局面，则国民政府无意激怒任何人，也可以不在东北建立军事力量。

因此蒋介石于 11 月 17 日将国民政府派到长春的人员撤回关内，国民党军军事总部也移驻山海关，借此向苏联施压。斯大林随后去函蒋介石，提议南京派代表到莫斯科商谈如何解决僵局。

当时包括蒋经国在内的高级官员仍留在长春，谈判双方经济合作等问题，也达成了中苏未来共同经营东北约 80% 的重工业等共识，但是国民政府外交单位的宋子文、王世杰等人则主张应待东北政治争议落幕后再商谈经济合作，因此蒋介石向蒋经国发出训令，要求具体合作讨论应待撤军后再进行，现阶段可先起草合作草案。

苏军代表此时向蒋经国展现善意，同意陆续推动国民党军进驻、文官就职等措施，但条件是延缓苏军撤军期限。蒋经国不了解此诉求是来自毛泽东的构想，因此说服蒋介石接受。与此同时，国民党部队已沿着海岸与铁路干线向北推进。

为争取苏联合作，蒋介石在保密状况下，再度派出蒋经国到莫斯科谈判。蒋经国于 12 月 31 日与次年 1 月 3 日两度与斯大林会谈。当时苏联内

1945 年 9 月 17 日，蒋介石、毛泽东、美国驻华大使赫尔利（Patrick Hurley）及张群、王世杰、蒋经国（后排左一）六人于重庆曾家岩蒋介石官邸门前合影。

1945 年 8 月，抗日战争胜利，国民政府主席蒋介石三电延安，敦促毛泽东到重庆会谈有关战后团结统一与和平建国大计。40 多天会谈期间，蒋毛二人会面八次，不同场合互动良好，留下多帧难得的合影。此张照片的幕后，还有一个久不为人知的插曲。据说，蒋介石邀请毛泽东合影时，毛主动站到蒋的右侧。摄影师胡崇贤十分机警，立即请毛移位到蒋的左侧，并迅速按下快门。胡摄影师深谙官场位置学，其机智灵光亦得到蒋的肯定，使他日后深受蒋的信任

部分析，蒋经国对老蒋“百分之百”忠诚，因此谈判过程中，蒋经国可能摆出“苏联友人”“前联共（布）党员”的面貌，不惜批评蒋介石，但最终仍是要完成老蒋交付的任务，并“可能为蒋介石访苏做铺路工作”。至于蒋介石的盘算，则是利用美苏矛盾，希望坐收渔翁之利。

蒋经国和中国驻苏联大使傅秉常一同与斯大林进行两轮的会谈，并递交了一封蒋介石的亲笔信。据闻小蒋转达蒋介石的立场，指称中国未来在东北将采取经济“门户开放”政策，并让苏联保持经济领先地位。他游说斯大林介入国共谈判，对中共施压，让中共接受国民政府节制，使东北问题和平解决。面对斯大林的抱怨，蒋经国也承诺，未来国民政府国际事务一定会与苏联协商，以取得一致步调。但斯大林仍直指，中共并不在联共（布）领导之下，莫斯科很难担任调处工作。斯大林强调，苏联不愿美军进入东北，因为东北是苏联的地盘，绝不容许美英或任一其他国家的军队进入。

会谈过程中，蒋经国多半采取守势，不如宋子文难缠。他虽提出苏联

1946年1月22日，宋美龄由蒋经国陪同，乘坐由空军大队长衣复恩驾驶的专机“美龄”号抵达长春，开始劳军活动。
身穿褐色皮大衣、头戴貂皮高统帽、双手袖着貂皮袖筒的宋美龄，由蒋经国搀扶着缓缓走下飞机舷梯，与前来欢迎她的苏联红军总部参谋长等几位高级将领握手后，搭乘苏方提供的黑色防弹大轿车，开往蒋经国特意为自己准备的住处谷公馆休息。虽名为“慰问”苏联红军，其实也是想再次打探斯大林的真实意图，讨价还价，冀望挽回在东北的损失。但此次行程还是一无所获，宋美龄，包括同行的“外交特派员”——深谙苏联人行事风格的蒋经国，失望而归，满怀悲凉

宋美龄由蒋经国陪同，冒着严寒去苏军总部会见苏军高级将领。

斯大林的强权与霸道不是气数已尽的蒋宋王朝能够搞得定的，“北极熊”的贪得无厌表现得很明显，苏联红军盘桓不走，已把东北当时可见的财富搬空。罗斯福总统慷中国之慨，与斯大林签订《雅尔塔协定》，使苏联对中国的掠夺有了法律依据，国民政府与苏联的谈判已先天地处于劣势。身处其境，我们完全可以理解蒋经国与宋美龄此时的悲痛与无奈——借苏联人的军队赶走日本侵略者，却成了开门揖盗、引狼入室的另一个开始。慰问仪式非常简单：赠送奖旗、勋章，致慰问词，递上慰问品清单，由苏军参谋长代马利诺夫斯基元帅接受后，苏军总部以酒会形式做了招待。会场气氛严肃得近乎冷淡。也许是因为语言不通，宋美龄在整个劳军过程中面无表情，言语很少，难掩内心的挫败之感，慰问词都由蒋经国代读，另由特派员公署第一科长许培尧翻译违约在东北支持中共，但斯大林反而指责国民党在东北从事“反苏活动”。斯大林最终提出，苏联的中国政策是“支持与亲善中国的国民政府”，至于中苏合作的最主要条件，就是不让美国一兵一卒留在中国境内，如能落实，他将说服中共支持国民政府。斯大林还表达出邀请蒋介石“访问莫斯科，或在中苏边界适当地点相晤”的希望。

虽然双方似乎达成互不反对的口头共识，但斯大林要求美军撤兵的条件让蒋介石无法接受，国民党决定凭军事力量收复东北。尤其蒋经国虽是秘密访苏，蒋介石还是把信息透露给了马歇尔，导致国民党高层人士找到了质疑的借口，批评蒋介石与苏联交好的政策不切实际。在 CC 系策动下，陆续发生大规模反苏游行，让蒋经国备感压力，他的亲苏立场更使自己成为党内箭靶。

由于反苏声势浩大，蒋介石等人一反过去立场，拒绝斯大林关于访苏的邀请，并要求蒋经国对此信息完全保密，致使蒋经国密会斯大林的承诺与共识形同失效，表明蒋介石已准备向美国倾斜。此时国民党派系控制的政治协商会议还通过了决议，要求调查包括蒋经国在内的东北行营处理东

蒋经国、宋美龄在东北慰问苏联红军。
宋美龄向来亲美仇苏，要她向素昧平生的苏联军队做言语隔阂的慰问，实在是勉为其难，因此也就没有什么热情，跟前几次访问相比自然大为逊色；她与蒋经国步步艰辛，小心翼翼，无异于赴一次鸿门宴。在苍白的“慰问”之后，苏军仍盘踞东北。东北，虽名为中国土地，且斯大林承诺尊重中国的领土完整，但他提出了另一个条件——苏联人帮助中国向日本宣战的前提是东北所有工业的动产与不动产（主要为矿产资源）全应看作苏联红军的战利品，可见其大国利益下的真面目

北问题的一连串政策，并将熊式辉解职，同时建议停止蒋经国的东北特派员任务。

虽然蒋经国此后依旧是蒋介石重要的苏联问题幕僚，也力主保持双边友好关系，但东北交涉的失败，让他被迫暂时保持低调，不再插手重要的中央政务。

小蒋身陷党团争斗
中央干校的溃败

1946 年春，蒋经国由东北调回南京，担任军委会青年军复员管理处副处长，处长由陈诚兼任。同年夏天，该处改称国防部青年军管训处，蒋经国调升处长，负责管训全国青年军九个师的复员与重建第二期集训青年军工作。蒋经国开出了退伍就学、就业辅导、就职优惠等许多条件，让青年军相较其他被国民党草率解甲的部队待遇来得好，也因此更强化了对蒋经国的支持。日后蒋经国在台湾处理来台官兵退伍问题，也采用了许多类似的措施。他特地在北京、上海等地成立了青年军联谊会，希望能发挥青年军的组织力量，并试图遏止中共势力蔓延。

蒋经国在南京可以随侍在蒋介石身旁，并依旧保持俭朴的生活作风，家眷则安置在杭州。蒋经国也在抗战后安排重修了溪口老家与丰镐房——其实丰镐房不但遭到日军报复性轰炸，1943 年 4 月日军进占溪口后，还把丰镐房当作总部。蒋经国在抗战胜利后回到故乡旧居，自有另一番心情。

蒋经国依循古礼为母亲下葬。由于毛福梅名义上已与蒋介石离婚，更须顾及宋美龄的反应，所以蒋经国并未在墓碑上提及老蒋的身份，甚至遵照老蒋的指示，没有用“毛太夫人”的称号，仅拜托吴稚晖手书了“显妣毛太君之墓”的墓碑，落款处铭刻“男经国敬立”。在下葬当天，蒋经国痛哭流涕，无限伤心。

1946 年 9 月中旬，三青团在庐山召开第二次全国代表大会，蒋经国趁着公干的机会，再赴南昌探视一度避居贵州铜仁而失去音信的章氏兄弟。

三青团这次会议中，蒋经国当选常务干事兼组训处长，加上老蒋把掌控三青团多年的康泽送到国外考察，蒋经国一扫被打压的怨气，任赣南时期的亲信胡轨为第五处处长，郑彦棻、张其昀、黄少谷、倪文亚也均加入中央团务——郑彦棻还添列副秘书长，小蒋实质掌握了三青团。

但蒋经国的企图心不止于此，在青年普遍对国民党失望的状况下，三青团涌现组党呼声，希望仿效孙中山 1924 年前例，彻底改组国民党，甚至另组新党，并在确认蒋介石领导的前提下，实现两党轮流执政。蒋介石看过蒋经国赣南旧部出版的《团的改造》中的提议后，初期表达赞成态度，并要求蒋经国研拟具体办法，这立刻引发 CC 系高度质疑，发动国民党元老向蒋介石进言表达反对，党团冲突更一触即发。

由于反弹声浪过大，蒋介石在 1947 年裁示国民党党中央成立党团统一组织委员会，推动党团合并。组党计划失败，但蒋经国还是因为合并后

1946 年 5 月 5 日，蒋介石率国民政府高官在南京中山陵举行“还都典礼”。
南京城内外旌旗招展，盛大典礼于上午 9 时在中山陵举行，聚集了文武大员及各界人士约 5000 人，100 多名中外记者赶来采访，中国共产党和民主同盟也派出代表四人参加。8 点 45 分，蒋介石身着陆军将服现身，左胸佩五枚勋章，左手持杖。当晚，蒋介石发表广播讲话：“抚今思昔，务希我国全体同胞，同心一德，共同一致，务使我中华民族黄帝子孙，永永远远不再受过去八年间那样异族侵凌蹂躏的惨祸与耻辱。”

的组织人事调整，当选国民党中央执行委员，兼任干部训练委员会副主委；而三青团先前多项特殊待遇全被取消，组党建议成为泡影，引发相当多参与三青团的青年的不满。

中国共产党则趁着这个时候扩大争取三青团中低干部与青年军，强化青年族群的支持热情；加上经济持续恶化，学生与教授待遇严重降低，国民党在校园内一蹶不振，学潮连连；部分负责接收工作的青年团又不时爆发贪腐争议，国民党只能用军警对付学潮。蒋经国虽多次倡议发动反贪污行动，但大厦将倾，小蒋期待的青年工作等于彻底溃散。

CC 系与蒋经国的冲突也日趋白热化。由于国民政府还都南京，党中央开办的中央政校迁回南京红纸廊。原本蒋经国希望把三青团主办的中央干校自重庆迁到北京，但遭 CC 系主导的教育部杯葛，并建议蒋介石把中央干校与中央政治学校合并成一所新的政治大学，改由教育部管辖。

蒋介石同意此一提议。1947 年 3 月，蒋介石发布任命，虽然校长仍由老蒋兼任，但负责校务实际运作的教育长一职，蒋介石则属意换掉陈果夫，由蒋经国接手，等于让小蒋在党中央组织上更进一步。

未料此举引发 CC 系高度反弹。争执点在于，中央政校向来是国民党培养地方从政人才的唯一渠道，许多获中央公职的县长过去都是由“二陈”直接委派的中央政校毕业生担任，使得 CC 系势力直达地方。蒋经国插手并排除陈果夫，无疑就是另一波夺权行动的开始。

蒋经国早对主持党务的陈立夫与陈果夫颇为不满，甚至对蒋介石说出“党有二夫，政有二之，四凶不除，速国之亡”，颇有除之而后快的感觉。他对 CC 系掌控中央党部，不愿接受三青团势力，甚至在党团合并过程中予以排斥，导致党团对立的结果深恶痛绝。

为抵制蒋经国，国民党主控的政校校园内竟然立刻出现罢课学潮，以及“不当孙子学生”“反对父子家校”的标语，引发老蒋震怒，指示陈立夫立刻终止纷扰，但陈立夫竟推说争议恐是青年军复员学生自导自演的，

让老蒋怒不可遏。虽然陈立夫眼看事态严重而迅速收手，蒋经国也只能无奈地请辞而离开政校。

眼看青年组织涣散，党中央派系恶斗，蒋介石指示蒋经国成立组织严密的青年组织，希望秘密发展第三势力，“一次革命、两面作战”，将反贪毕其功于一役。蒋经国已兼任中央干校校友会、复员青年军联谊会干事会主席，因此与亲信商量后，他决定成立秘密组织“铁血救国团”，代号为“社会问题座谈会”，绕过国民党内派系倾轧，统合目前手上既有的青年组织力量，以落实蒋介石的要求。

“铁血救国团”的真正核心是名为“中正学社”的五人领导小组，即蒋经国的政治智囊，成员包括俞季虞、方庆延、江国栋、王升、戴明震，负责指挥“铁血救国团”社员行动。至于“铁血救国团”下辖的中央干校校友会、复员青年军联谊会等组织，其运作主干包括李焕、胡轨、潘振球、楚崧秋、江海东等人，中共地下党员、时任国防部预备干部局副局长的贾亦斌亦在名单之列，他们都是蒋经国嫡系人马。

通过中正学社掌控，“铁血救国团”也对外拉拢学界、媒体，希望引导舆论走向。最盛时，“铁血救国团”约吸收200人参加，多为复员青年军大学学生。但随着解放战争中国民党的不断挫败，这个组织也终于烟消云散。

◀1946年8月7日，蒋介石在蒋经国的陪同下飞抵延安秘密视察，这是蒋介石唯一一次抵达延安。

“国民党军的最高统帅以占领者的姿态进入共产党人的‘圣地’”，这一事件在国民党方面看来极具象征意义。8月7日上午，“美龄”号专机在延安简易机场尘土飞扬的跑道上降落，蒋介石被安排住进延安最好的边区外交宾馆里。蒋介石在枣园看到了他的对手毛泽东居住过的窑洞——简单得近乎原始；他无法想象毛泽东何以在如此恶劣的生存环境中保持着旺盛的斗志，有效地指挥着他的军队在全国的战场上与政府军对抗，并且能在如此境况中把文章写得既尖锐犀利又文采飞扬。当日，他便启程离开了这个让他心绪不宁的地方

蒋介石庭训

※

经儿、纬儿知之：

……将来我回家时候，必定给你买一匹小马，教你骑马，我自己买一匹大马，同你骑了游行就是了。

你今年不晓得有否读书？你如其会写字的时候，还要你写几个字来，给我看看，或者我的心里可以快活一些。……

父示

中华民国十一年三月三日

※

纬儿知之：

我三个月没有见你了，心里非常记挂。我今日看见人家小孩子，在大本营前空地放风筝，我更加想起你去年在城中放风筝的趣味，不晓得你今年在家有做风筝去放没有？我在抽屉里，找出两张画图贺年片来，一张是富贵花，一张是小孩游戏，其中也有放风筝的，所以寄给你白相，不晓得你快活么？……

父示

中华民国十一年三月八日

※

经儿知之：

……

一个人第一要遵守规则，就是自己“道德高尚”，这个道德，并不是拘拘谨谨束缚不动的，只要守着一切规则，不去侵犯人家的自由。如其可帮人家忙的时候，自然要尽力去帮忙，这就叫做互助，亦就叫做公德。

除了依循道德以外，总要时时活动，使得心里非常舒服。如其用功觉得苦了，就放下书本，去游玩一刻，再来求学，那脑筋一定是爽快的。……

父示

中华民国十二年十月三十一日

※

经儿知之：

……你的国文确已有了进步，我更加喜慰。但是你这信里还有错字，并且也欠清爽。现在我将你几个错字，拿红笔圈出来，望你自己改正。以后写字，总要笔画清楚，而且不可错落才好。你说“游安乐城记”，拿这城里的快活景况，来譬喻中国的政事不良，这个譬喻，就是不适当的。比方说，中国政治能够改良，要得到像这“安乐城”一样景况，如此说法，或者对些。凡做文章的意思，不是正面，就是反面；如其正面意思说完了，篇幅还觉得太短，就把反面来说，因为反面的意思，能够显出正面的文章来。譬如说：“中国政治能够改良，人们就享福了。”这句话，就是说中国现在政治不良，所以人民不能幸福的反面话，更加可以证明中国政治不良的意思出来。

你《避暑雪窦寺记》中，因山路难走，譬如求学一样，这就对了。这一篇文，必定是好的，将来我要看看。……

你英文不知有进步否？英文不但是要讲究文法，而且要多说话。譬如同学会面的时候，或是有好的朋友，能说英国话，你就常常同他说英国话，那就容易长进了。凡百学问，总要熟练了以后，才可应用。学英文能常常讲话，那就是熟练，后来就可与人家对谈，那就是应用了。

不但英文如此，就是算学、国文，凡是所学的东西，总要能够应用才好。如其单是记牢其方法成句，而不能应用，那学问也就枉然了。我们家乡话叫做“书独头”……就是这类人的绰号。总之，这些话，是说书读得多不能应用的人，就是虽多无益，也是越读越呆。所以读书求学，总要使得心里十分明白，拿一句话，实地可以使用着就好了。

演说也是最要紧的，如遇开讲演会的时候，你可以想定一个题目，上去演讲，不拘话之长短，只要说得事理透彻，层次井然；临场不要怕羞，讲完从容下台。如此多讲几回，也就不以为难了。……

父示

中华民国十二年十一月二十七日

※

经儿知之：

……你以后看书应多注意中国固有道德、建国精神与其哲学。《孙文学说》一书，实为中国哲学之基础；而《三民主义》则为中国哲学具体之表现。译文决不能彻底阐明其精神。俄文译本更将其中之精华舍弃未译，故你应将《孙文学说》看了二遍之后，即看《三民主义》中民族、民生与民权各主义之原书全文；并应将其心得及批评之点，摘记另录，以备呈阅。民生主义中批评马克思主义各节，尤为重要，应即切实用客观态度悉心研究。看完主义之后，再看《军人精神教育》一书，亦在中山全集之中。如能了解以上各书，则中国之政治、社会、经济与哲学，皆可得其基础矣。……

母父

中华民国二十六年五月十二日

“青春的涵义，乃是指具有一种勇往直前、冒险患难、牺牲奋斗的精神，舍弃安乐意豫与放辟邪侈的生活，寻求福国利民的目标，淬砺蓬勃焕发的朝气，追求‘不虚此生’的人生。能乎此，耄耄期颐，犹是青春；背乎此，不问他如何年轻，还不是棺木外的行尸走肉而已。”

第五卷　上海的“失败者”

- 赴台调查二二八事件。三青团台湾势力全面解散，成为打击蒋经国的要点

- “只打老虎，不拍苍蝇”，上海经管虎头蛇尾

- 蒋经国提议南迁台湾以备后路，督管黄金与故宫文物运台

▶1948 年的蒋经国

1940 年，蒋纬国学成归国，与父亲蒋介石在一起。

蒋纬国 1916 年出生于日本，是戴季陶与一名日本妇人的私生子。蒋介石收养他后视如己出，并取名“纬国”，与蒋经国的谱名合起来正有经天纬地、治国安邦之意。蒋介石将纬国交与侧室姚冶诚抚养，多加宠爱，也留下了“经儿可教，纬儿可爱”的评语。蒋纬国在父亲的安排下于 1936 年远赴德国研习军事，1940 年冬学成归国。对于次子的归来，蒋介石十分高兴。蒋纬国的事业也从陆军第一师起步，由排长逐步上升到营长之职

在 1964 年“湖口事件”之后，蒋介石和蒋经国便冻结了二公子的政治生涯，将他逐出权力核心。蒋纬国只得以闲云野鹤的心情当了 14 年中将，后在宋美龄的力主之下升为上将

蒋中正与蒋经国及其子女摄于墓园，溪口，1947 年 4 月 15 日。
老蒋率领小蒋们祭拜“蒋母之墓”，蒋介石身边是孙子孝文和孙女孝章，蒋经国恭敬地站在父亲身后。很快，他们就不得不奔赴台湾。以“孝子”自居的蒋介石，心中痛楚可想而知。蒋经国一直背负着父亲的包袱，直到父亲晚年，他任职“行政院”院长期间，才充分在经济上展露才华，全心整建台湾。父亲过世后，他更在政治上对党外人士和后来的民进党做出让步。尽管有人说蒋经国其实是被迫让步，但这种胸怀与眼光是蒋介石无法达到的，大部分的史学家也给予正面评价

解放战争期间，1948 年蒋孝勇诞生于上海。

蒋经国当时在上海“打老虎”，惩治投机富商。照片左边的蒋孝武好奇而高兴地望着才出世几个月的弟弟。蒋孝勇长得肥白可爱，漂亮得像是年画里的孩童

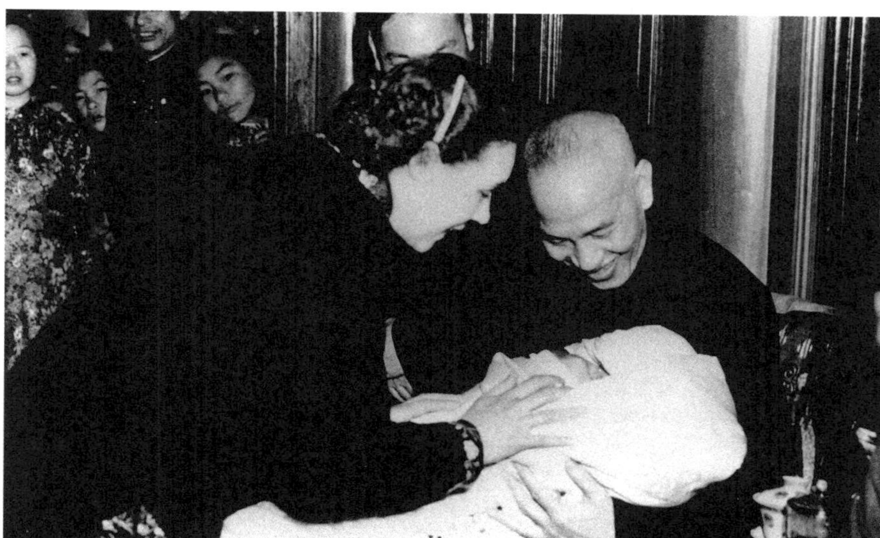

1948 年，蒋经国伉俪随侍蒋介石，逗弄甫出生数月的三子孝勇。

向来威风凛凛的蒋介石露出温馨的笑容，凝视着他的孙子孝勇，感动于小生命降生的珍贵。蒋方良的神情充满母爱，蒋经国则站在父亲身后。小孙子蒋孝勇生于动荡不安的上海，那时的蒋家王朝已是风雨飘摇，国共战场上，国民党军队节节败退；蒋经国在上海“打虎”铩羽而归，在官僚资本面前碰得头破血流。无论国事还是家事都宛如跌入万丈深渊。而蒋孝勇就是在这改朝换代来临之际，来到了这个纷乱的世界。一年之后，尚在襁褓之中的他随着祖父和父亲辞别了故土，退居到海上孤岛台湾

忠孝傳家
二十年九月

第五卷

上海的“失败者”

赴台调查二二八事件
三青团台湾势力全面解散，成为打击蒋经国的要点

谈谈打打的东北战事成为拖垮蒋介石部队的大陷阱，陈诚主导的战后复员与裁员工作，让国民政府受创更为惨重。被裁退整编的部队反弹不断，顾此失彼，南京甚至还发生集体哭中山陵的事件，“蒋家不要毛家要，十块银元到延安”的口号朗朗上口，人心浮动。

国民党的伤心事绝非军事而已。1947 年，除了激烈的党团斗争让党内纷争不断，就连刚从日本手中接收回国的台湾，也因为不满国民党派出的接收官僚贪腐无能，又控制并垄断生产机构，排除台湾民众经济参与权而爆发二二八事件。

二二八事件中，台湾激进分子攻击政府机关与军警单位，全台秩序大乱。台湾行政长官陈仪向中央求援后，陆续出动军队扫荡台湾各地的异议分子，并展开“清乡”行动，超过万人因此受害。

国民党军掌握全盘秩序后，国防部长白崇禧于 3 月 17 日率领高级军

◀1948 年，蒋介石夫妇与蒋经国拜祭“蒋母之墓”，以表现传统孝道。
蒋介石以孝为先，在母亲逝世之时，亦写信给小蒋，表达自己的哀思：“余葬母既毕，为人子者，一生之大事已尽，此后乃可一心致力于革命，更无其他之挂系。余十八岁立志革命以来，本已早置生死荣辱于度外；惟每念老母在堂，总不使以余不肖之罪戾，牵连家中之老少，故每于革命临难决死之前，必托友好代致留母遗禀，以冀余死后聊解亲心于万一。今后可无此念，而望尔兄弟二人，亲亲和爱，承志继先，以报尔祖母在生抚育深恩，亦即所以代余慰藉慈亲在天之灵也。”

政代表团赴台，受命调查二二八事件始末，蒋经国也以三青团训练处处长身份随团自南京搭乘飞机赴台调查。代表团除拜访陈仪等人，还曾赴台北、基隆、屏东、高雄、嘉义、彰化、台中等冲突严重区域视察。其中最让人意外的是，三青团在台组织与重要人士一一卷入这场流血冲突而成为陈仪等人打击的对象。

其实早在1945年9月间，三青团就已在台北筹组三青团台湾区团，成为国民党最早在台发展势力的派系，因此地方组织、分支机构拓展迅速，并吸收了许多具有经验的台湾精英。尤其在国民党接收的空窗期，三青团也在台展开协助接收工作，项目包括维持台湾各地秩序，保管物资、财产，并反制日本残余势力发动"独立"等。

由于三青团声势浩大而活跃，除CC系质疑并屡加干涉外，也引起政学系陈仪的忌惮，他曾打算以擅自接管房屋等理由解散三青团在台组织，但并未成功。为化解疑虑，三青团团中央指派黄埔二期的李友邦返台担任三青团台湾区团主任。

立场"左"倾的李友邦在国民党"清党"时曾被捕入狱，第二次国共

1947年，蒋经国在南京欢迎新一军军长孙立人。
孙立人以新编三十八师在缅甸激战攻克仁安羌，使陷入日军包围的英军得以全撤，这一仗使孙名震中外，西方评论家对孙立人赞誉有加，称其为"东方隆美尔"。蒋、孙早期关系尚和，但孙立人其后被削，则是因心高气傲的孙抱怨国民党与军队腐化，全遭政工体系掌握，且非黄埔系的他对蒋经国在军中布建苏维埃模式政工制度、成立国防部总政治部的做法颇为不满，二人屡起争执，也让他成为箭靶，处境越来越不利。蒋介石因此"不杀、不审、不问、不判、不抓、不关、不放"，把一代名将孙立人软禁、监视长达33年

合作后才被释放，并在抗战期间领导“台湾义勇队”。因此在他领导下，三青团在台组织吸纳许多“左派”、抗日人士，其中不乏台共人士，导致军统多次呈报台湾三青团已“潜伏奸伪分子”，只是被陈诚压下而未处理；陈仪主导的国民党台湾省党部也同样与三青团矛盾连连。

二二八事件爆发后，部分在台三青团干部因支持合理改革、加强地方自治，并表达反贪腐立场，所以未积极响应陈仪的镇压行动，反倒有许多三青团台湾干部参加各县市为善后而自行筹组的“二二八事件处理委员会”，在其中扮演重要角色。

三青团的不合作，导致其事变后遭到陈仪等人的严厉清算，或被杀，或被捕。李友邦于3月10日以“通匪”与“幕后鼓动暴动”的罪名被逮捕，直到李友邦的妻子飞到南京找上蒋经国，力陈李友邦遭陷害，同时二二八事件恶化的导因是陈仪处置不当，才让李友邦暂时逃过一劫，在6月间于南京被释放。

蒋经国正是在这种急迫形势下来到台湾的，表面上他是随团调查人士之一，但事实上，他就是代蒋介石到第一线巡视的主要调查人。陈仪甚至在蒋经国抵台当天致电蒋介石，除表达因二二八事件决意引咎辞职外，还推荐蒋经国或严家淦接任台湾省主席，不过这个提议遭到蒋经国拒绝。蒋经国在台期间还特地约集中央干校同学会，三青团台湾区团、台北分团的干部训话，要求台湾青年应多与大陆接触、培养感情，但他也承认，处理台湾问题必须“软硬兼施”。

国民党在二二八事件后把冲突的成因归咎于三青团的领导与煽动，加上认定三青团组成分子复杂，同时窝藏共党首要，后在蒋介石裁示下，三青团台湾区团正式解散。

"只打老虎，不拍苍蝇"
上海经管虎头蛇尾

随着国共冲突急速升级，1947 年 7 月，国民政府通过《厉行全国总动员戡平共匪叛乱》方案，代表解放战争全面开打。至于蒋经国任职的知识青年从军编练总监部，已随军事委员会改组，成为国防部管辖下的预备干部管理局，仍由小蒋担任局长。

他也以此身份指挥中央训练团"戡乱建国工作干部训练班"培训的 1700 余人，于 1948 年 2 月成立戡乱建国总队，由嫡系的胡轨任总队长，分六个戡建大队，每队 300 多人，派遣至解放战争最前线的绥靖区，把当地民众一律军事化编组，执行战地政务。

面对不断挫败的整体形势，蒋经国深感无奈却又无从施力。冀东、鲁南、苏北、皖北、豫北、豫东各大队逐一溃败，遭解放军歼灭数量近十之八九，仅第二与第六大队尚能保存；接连在孟良崮等重要战役大败，更让蒋经国的心情低落，甚至说出戡乱战役要是败了，将无葬身之地，所以国民政府"战到喜马拉雅山也要战"这样的话。

问题在于，除了军事失利外，各种冲击社会稳定的负面效应也不断发生，特别是 1948 年 8 月，国民政府未解决失控的经济问题，发布《财政经济紧急处分令》，发行金圆券，以行政手段强迫民间以黄金、外币兑换，反而引发全国经济进一步动荡，物价腾贵，恶性通货膨胀严重，城市中产阶级经济损失极巨。

稳定经济局势，上海是重中之重。可眼看蒋介石高度重视金圆券与申报登记外汇资产，上海银行公会竟商定，按各行实力凑足 1000 万美元，以应付国民政府，引发蒋介石极度不悦。因此老蒋火速任命蒋经国为经济管制委员会委员，派至上海，协助上海区经济管制督导员俞鸿钧，督导银行外汇申报与经济管制事务，希望通过强势手腕稳定局势，力挽狂澜。蒋经国也命王升率领的第六戡建大队整补后驻留上海，负责经济管制与安全护卫工作。

原本只想幕后协助而不要再强出头的蒋经国，明知此行势必得罪人，成功率可能也并不高，就任前还以家书向老蒋禀报，强调危急之秋，唯有非常手段、下最大决心才能挽救危机。在获得蒋介石认可后，他这才高调赴沪就任，宣称“只打老虎，不拍苍蝇”，甚至发动由戡乱建国大队和大上海青年服务总队领军、规模高达数万人的游行，沿路高喊不准囤积、打倒奸商的口号，希望一开头就把声势做出来。

蒋经国在上海，不但积极明察暗访，还接受告密举报，凡检举属实者，可以得到没收的黄金、银子、外币或囤积物资价值的三成作为奖金，希望以雷厉风行的手段，把上海奸商囤积物资、导致物价腾贵的问题彻底解决。在他的声势之下，许多市民都担心因此触法，是以平顺地赴银行兑换金圆券，金融秩序大致良好。

蒋经国的目标其实锁定在规模更大的商家与巨额资本上，希望借“打老虎”等革命手段，终结财富分配不均的问题。他公开说：“最近‘打老虎’这句话，已经成了上海流行的名词。但所谓‘打老虎’，究竟是个人英雄主义，我们今日所需要的，乃是发动民众，组织民众，来与恶势力奋斗到底。”他甚至著文表示“投机家不打倒，冒险家不赶走，暴发户不消灭，上海人民是永远不得安宁的”。

蒋经国的法西斯作风，惹恼了受美式教育的上海市市长吴国桢，他两度请辞以示抗议。但是为展现企图心，蒋经国的做法更形激越，不但把先前因倒卖金圆券改制内线而获利的财政部机要秘书陶启明予以枪决，连宋子文投资的永安棉纺厂的经理也未能幸免。由于戡建大队必要时可发动突击检查，速审速决，所以部分不从政令的资本家也面临被收押入狱的命运，前后竟多达60余人，引发极大震撼。

尤其蒋经国喊出“宁使一家哭，不让一路哭”的口号，宣示严办奸商与贪官污吏，引发商界质疑，连宋美龄都趁赴沪的机会约见小蒋，转达蒋介石口谕，要他尽量多做少言，保持低调。但蒋经国并没有改变作风。由于中央要求冻结物价，以法令强迫商人以定价供货，禁止抬价囤积，蒋经国便更加积极地打击大商家囤积物资。在高压管制下，上海物价一度稳定，小蒋一度还被媒体捧为“中国经济沙皇”。

蒋经国的霹雳手段最终还是面临绝境。金圆券的发行导致通货快速膨胀，蒋经国虽限制不准涨价，但商家先是消极抵抗，用尽办法隐匿物资，特别是民生商品，导致消费市场有市无货，接着发动市面抢购物资，造成民众恐慌，工厂原物料也受重大影响，民怨四起，人心动摇，黄金与美元黑市交易猖獗，蒋经国的铁腕措施已在跳票边缘。其实连他自己都承认，想起当初信任国民政府拿黄金来兑换的民众，如今会因金圆券贬值而生出多少怨恨，让他实在“惭愧万分”。

蒋经国的噩耗并不仅限于此，真正的致命打击是在豪门资本的反扑。原先，为展现“打老虎”的决心，蒋经国先以涉及陶启明内线交易的金融投机罪，逮捕上海鸿兴证券号负责人、杜月笙之子杜维屏，导致杜维屏被收押，证券号营业执照被吊销；加上杜月笙侄子万墨林也因囤积稻米被捕，似乎小蒋已盯上这位青帮大佬、父亲的好友。

虽然蒋介石以发布公开电报的方式，呼吁杜月笙支持蒋经国的管制工作，以表达他对儿子的支持，但老谋深算的杜月笙却在一次工商代表会议中，当面向小蒋抗议让他们父子遭刻意攻击，并交出一份非法囤积物资、倒卖外汇的公司名单，其中孔祥熙之子、宋美龄外甥孔令侃所有的扬子公司赫然在列却未见侦办。

为昭公信，蒋经国宣示查办到底，没想到这一连串“打倒豪门资本”“打倒官僚资本”的尝试，却让他踩到地雷。10月7日，蒋经国祭出搜查、查封扬子公司的极端手段，被各大报纸争相报道为小蒋企图清算孔宋豪门。在孔令侃求援下，宋美龄先是要求蒋经国收回成命而未果，双方不欢而散。

1948 年 10 月，蒋经国在听取一家小商店业主的意见。
蒋经国在上海的“打虎”行动积极而迅猛，不单明察暗访，还接受告密举报，凡检举属实，可以得到没收的黄金、银子、外币或囤积物资价值的三成作为奖金

1948 年，蒋经国任上海区经济管制督导员办公处副督导员留影。

1948 年 8 月，为解决失控的经济问题，稳定经济局势，老蒋火速任命蒋经国为经济管制委员会委员，派至上海，希望通过强势手腕稳定局势，力挽狂澜。小蒋高调赴任，打出“只打老虎，不拍苍蝇”的旗号，用法西斯的作风解决财富不均的问题。一时间，“打老虎”成为上海街头巷尾的流行词。不料小蒋之革命手段不敌豪门富贾的反扑，“打老虎”行动因失败而仓皇结束。被民众视为欺骗者的蒋经国，离沪之后终日买醉，哭笑失常，再次陷入消沉宋美龄随即催促正在北京召开军事会议的蒋介石过问此事。虽然蒋经国认为要贯彻政策而不愿让步，蒋介石返回上海后，形势急转直下，小蒋迫于压力而放过扬子公司，宣布扬子公司所查封物资均已登记，并无囤积问题，查封亦依法无据。

这个结果引发外界高度质疑小蒋包庇，杜月笙更发动工厂罢工，纵容黑市交易，导致市场大乱；加上中央行政院迫于民意宣布取消限价措施，宣告国民政府已无能控制经济乱局，蒋经国只好无可奈何地再度辞职求去。短短70天的上海“打老虎”行动宣告彻底失败，市场信心瞬间崩溃，物价再度飞涨。被民众视为骗子的蒋经国，在用一纸声明向上海市民道歉后也离沪返回杭州，但他几乎终日买醉，狂哭狂笑，消沉了好一段时间。

蒋经国提议南迁台湾以备后路
督管黄金与故宫文物运台

1948年10月开始，国民党形势急转直下，蒋经国派驻前线的戡乱大队更挡不住国民党军溃败的潮流。1948年年底淮海战役大败后，蒋经国眼看形势危急，早在下半年即建议蒋介石，政府面对空前危机，人心惶惶不知如何是好，不如以退为进，同时“非台湾似不得以立足”，因此盼“从速密筹南迁之计划与准备”。

1949年元月，蒋介石宣布下野，为国民党全面失败负责。至于蒋经国，则还是不愿放弃动员青年组织力量的目标，因此在南京三青团总部旧址，以号召青年反共为诉求，成立隶属国防部的“青年救国团”，并以青年军为骨干，将其改编为青年救国第一总队，作为派到国民党军部队的政工主干；同时设置预备干部训练总队，以为新募集的军队准备干部。但解放军渡过长江后，“青年救国团”随即溃散，预备干部总队也并未发挥效用，大多数蒋经国派到军队的人马都随部队开始转进台湾。

前有解放军进逼，后有美国掣肘，蒋介石落入孤立无援的尴尬处境。虽然蒋介石下野前，对民社党、青年党高层强调自己“绝不会如外界所揣测，避到台湾去”，但蒋介石的幕僚却已开始为他转进台湾做最后准备。陈诚等先遣干部与部队前往台北打前站，而故宫国宝与上海库存的黄金该如何运台，则需要蒋介石最信任的人来压阵，蒋经国正因此担当此任。

早在 1948 年 12 月 1 日，在蒋介石允许下，第一批中央银行 260 万两黄金就已经从上海通过“海星”号商轮转运至台。蒋介石在陈诚接替魏道明出任台湾省主席后，更赶在 1949 年 1 月 10 日，也就是他宣布下野之前，密令联勤总部以预定密约方式，将中央银行余下的约 80 万两储备黄金分两批移往台湾、厦门，以策安全。

这笔黄金系由蒋经国以及老蒋亲信周宏涛督运，为了提防李宗仁出面阻拦，蒋介石要求过程一律保密。蒋经国因此动员青年军旧部，趁着深夜把黄金搬到军舰上，并从基隆港运抵台湾。至此，上海国库的黄金几乎被搬运一空，根据蒋经国在 2 月 10 日的日记记述，上海国库仅余留约 20 万两黄金。蒋介石在 4 月间，再度通过蒋经国联系俞鸿钧，希望再赴上海抢运黄金。1949 年 5 月底上海被解放前，再由汤恩伯经手，委由招商局“汉民”轮漏夜疾驶到基隆港，将第四批黄金运往台湾，上海仅留黄金 5000 两、银元 30 万应急。这几批运台黄金前后总计超过 360 万两。陈诚 1949 年年底在台实施币制改革，正是以这批黄金作为改制基金的。

与此同时，蒋经国还担负了将故宫文物搬运至台的重要任务。第一次是于 1948 年 12 月 20 日，由海军总司令桂永清指派“中鼎”号将第一批 772 箱故宫文物运往台湾。紧接着 1949 年元月，再由招商局“海沪”轮载满 3502 箱故宫与国家图书馆文物，从南京运往台湾基隆港。至于第三批国宝则是由海军“昆仑”号捍卫送往台湾。这批文物正是今日典藏在台北“故宫”的国宝。

“今后，只有民族和三民主义的万岁，没有个人的万岁。”

“政府在哪里，法统就在哪里。”

1984年，74岁高龄的蒋经国再度连任后，勇敢地走上了一条告别权力垄断之路。1986年3月，他下令成立“政治革新小组”研究政体改革。10月表示要解除38年的“戒严令”，开放党禁、报禁。

第六卷　底定接班态势

- 随蒋介石下野返回溪口

- 东南沿海四处飘零。蒋经国甚至在衬衫领子里缝了颗氰化钾，随时做好被捕后自杀的准备

- 执掌情治大权，助蒋介石重立国民党总裁形势

- 仓皇逃离大陆，从此迁守台湾

- 蒋经国主持国民改造，老蒋彻底流放陈立夫

- 蒋经国自警

▶1949年蒋介石下野后，与蒋经国在家庙附近巡游。
此时的蒋经国已显老态，蒋介石更是给人以日薄西山之感。蒋介石被白崇禧等人逼宫下野，辞去中华民国的总统职位，虽然颜面扫地，隐居于故乡奉化溪口，但这只是表面文章，他凭借着国民党总裁的身份，以及以党代国的事实，实际上重权在手，依然是中华民国的实际领导者

林業茂盛裕國強
雪山高峻財源富

◀ 蒋氏父子离开前，最后的眺望。
1949 年 11 月 30 日清晨，解放军解放重庆，过江解放军已迫近机场仅约 20 华里。12 月 10 日，蒋氏父子由成都凤凰山机场飞往台北，北顾苍茫，成了他们对家乡的最后一次凝望

1949 年 3 月 7 日，蒋经国陪侍蒋介石祭祀祖母蒋太夫人之墓。

蒋介石与妻儿向“蒋母之墓”行礼。站在前排的两人正是蒋介石与宋美龄，其后为蒋经国。蒋经国记述了他们悄然离开故乡时的情景。解放战争，蒋宋王朝只赢得一个“仓皇北顾”，后即逃向台湾去了。实际上，蒋介石对于失败的命运早有先知，他明修栈道，暗度陈仓，早在 1949 年之前就已经指示蒋经国尽速督导定海机场修建事宜，逃跑的途径在失败之前已经搞定。连小蒋在那时都并不知晓，之后在定海基地频繁起降的空军战机，将成为国民党撤往台湾的重要屏障

1949 年春，蒋介石、宋美龄夫妇在浙江奉化的溪口镇老家，祭拜先祖函亭侯蒋澄的碑石。

蒋介石离开上海又回到溪口，遍游溪口十景，祭拜母亲坟墓，对外公外婆的墓地和少年时代游历过的地方一一叩别。他知道，离开家乡的日子不远了

蒋方良抱着二儿子孝武坐三轮车，大儿子孝文追随其后。

1949 年的蒋家已是仓皇辞庙日之时，全家祭拜完祖坟，随即忍痛挥别，带着“反攻大陆”的美梦在台湾落地生根。蒋经国戴着墨镜，悲悼似的紧随妻儿之后；而走在前面的蒋方良和她的孩子们，表情却很欢乐，让人想起“隔江犹唱后庭花”一句，思维单纯的他们，包袱并没有蒋经国那么重

1949 年，蒋介石率领全家祭奠在溪口的祖坟，旋即逃往台湾。

葬送了国民党的政权，他当然是不甘心的。他修葺好祖坟，盼望着东山再起，卷土重来；在台湾的最后岁月，他心心念念的就是反攻大陆

1950 年，蒋经国全家在松山机场准备迎接宋美龄自美返台。
宋美龄返回台湾，蒋经国亲自偕同全家到台北松山机场迎接。他第一个登上飞机欢迎宋美龄，大声呼唤："妈呀！你回来了！我们向你献花！你辛苦了！"此时宋美龄已经差不多两年没有见过蒋经国了，蒋经国判若两人——此时的他礼貌、热情、恭顺，是妈妈面前的乖孩子，亲自扶着妈妈下了飞机。自此之后不论任何公私场所，蒋经国对宋美龄都是毕恭毕敬，以母相称，令宋美龄乐不可支

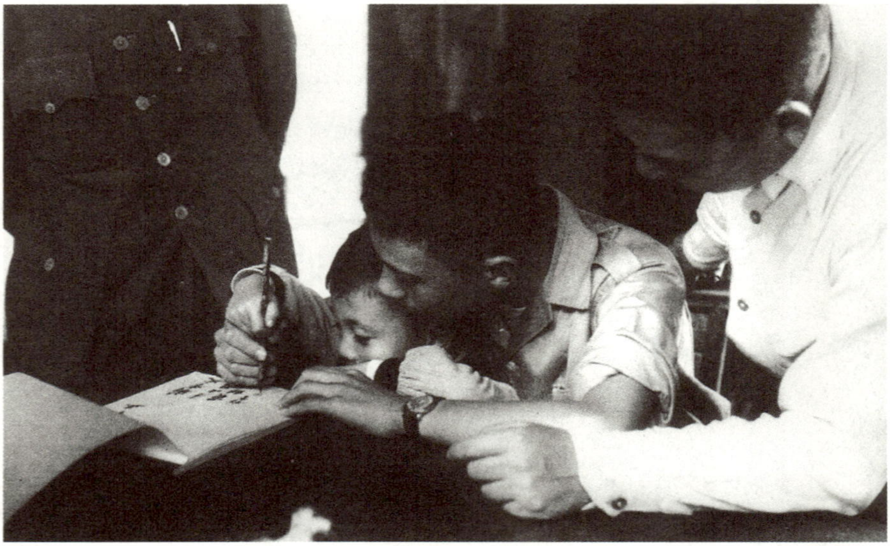

1949 年 12 月，蒋经国携子游日月潭文武庙并签名留念。
大哥蒋孝文握着弟弟的手签名，似在写下少年儿童美好的憧憬。一旁的蒋经国怜爱地看着他们，为兄弟相亲相爱而欣慰

1950 年年初，在妇联会的餐会上。
妇联会的成员带来孩子，大家欢聚一堂，每个人都笑盈盈，孩子们则因为美味的蛋糕开心不已

第六卷

底定接班态势

随蒋介石下野返回溪口

1949 年或许是蒋介石与国民党最悲惨的一年。山河变色，内外形势紧急，徐蚌会战全面溃败，内阁因经济破败而总辞，物价飞涨，动荡不安。在白崇禧、李宗仁与桂系强力逼宫下，蒋介石众叛亲离、败局已成，也有了引退的打算。

蒋介石在 1948 年 11 月就曾向蒋经国表明有引退打算，希望“另起炉灶”“另选单纯环境，缩小范围，根本改造”。蒋经国也认同蒋介石的决定，并称“必须放得下，提得起，抛弃腐朽，另起炉灶，排除万难，争取新生”。

此后蒋介石在 1949 年元旦文告中提及“只要和平果能实现，则个人进退出处绝不萦怀”。但为留好退路，特别是播迁台湾的安排，蒋介石先是派在草山养病的陈诚出任台湾省主席，蒋经国担任国民党台湾省党部主委，但因蒋经国一路随着蒋介石奔波，并未上任，稍后陈诚也一并接任此一职务。

在蒋介石宣布下野前，毛泽东发布《和平谈判八项》条件，要求严惩战犯、废除中华民国法统，让蒋介石认定和平谈判已无任何可能；加上杜聿明部队确定突围无功，遭解放军全数消灭，行政院又决定派代表飞赴延

◀ 蒋方良与长子爱伦（蒋孝文）和女儿爱咪（蒋孝章）在一起。
蒋方良怀中揽着一双儿女，幸福笑容溢满脸庞；蒋孝文伸出小手支在母亲的腿上，似在撒娇。蒋方良与蒋经国一生育有子女四人，因混血与显赫的家庭背景，个个都显露出贵族气质，惹人心生爱意

安与中共谈判，因此老蒋命蒋经国先行回到溪口，以准备修进祖谱为由，安排他下野后返家暂住一事。

1月16日，蒋介石前往南京中山陵别陵，这也是他毕生最后一次看见中山陵。不过他的下野通告等到21日才正式公布，当时陈诚、陈仪、汤恩伯都受到电召，返回南京与蒋介石会晤；随后老蒋即在党政要员的陪同下，与蒋经国一起搭机飞离南京，在笕桥空军学校小住并游览杭州。次日，蒋介石回到老家奉化溪口。

蒋介石这次下野，在溪口前后停留了三个月。这段时间是蒋介石从政以来难得与蒋经国一家人，特别是蒋孝文、蒋孝章等孙辈相聚的时间，甚至在丰镐房共度除夕、吃团圆饭、祭祖。张群、陈立夫、郑彦棻也在溪口陪伴。老蒋也常与蒋经国在附近或登山散步，或沉思时局。

蒋介石虽然身在奉化，却仍是国民党总裁，不断通过人脉与党内派系遥控中央。前来奉化拜望的军政要员更是络绎不绝，包括党中央要迁往广州，都还是由黄少谷前来报告后定案，他甚至还掌握了陈仪准备叛变的信息。代总统李宗仁徒有职衔，连下令释放张学良与杨虎城都没办法办到。

李宗仁深感蒋介石仍如芒刺在背，因此发起舆论，逼蒋去国，甚至宣称“蒋不出国则救国无望”。蒋介石却毫不理会。他指示蒋经国尽速督导定海机场修建事宜。那时连小蒋都还不知道，之后在定海基地频繁起降的空军战机，将成为国民党撤往台湾的重要屏障。

蒋经国在这段时间里还在溪口代表父亲送往迎来，同时思考国民党之所以彻底挫败的原因。他甚至曾引用蒋介石的日记，强调“党应为政治之神经中枢与军队之灵魂，但过去对于军政干部无思想领导，驯至干部本身无思想，而在形式上，党政军三种干部互相冲突，党与军政分立，使党立于军政之外，乃至党的一部自相分化”。这也成为两蒋在下阶段推动党务改造时的重要论据。

蒋经国40岁生日临近，许多旧部和老同学都赶到溪口为蒋经国祝寿。

1949 年 4 月 15 日，蒋介石特地手书“寓理帅气”四字匾额送给蒋经国，并写下跋文，盼儿子“切己体察，卓然自强，而不负所望耳”，又提了“主敬立极、法天自强”送给小蒋。

“寓理帅气”四字，颇有劝喻在上海“打虎”失之刚猛的小蒋之意。蒋介石自己在日记中也提到，自觉脑力记忆日差且迟钝，需要有智之士助他考虑策划，“希望经儿能代为主持”，也凸显出蒋经国在父亲心中的分量，小蒋已是不可或缺了！

东南沿海四处飘零
蒋经国甚至在衬衫领子里缝了颗氰化钾，
随时做好被捕后自杀的准备

4 月 23 日，解放军攻占南京，东南半壁岌岌可危，溪口不能再留，连嫡系的预干总队都已叛变，蒋经国因此称“内外形势已临绝望边缘”，“精神之抑郁与内心之沉痛，不可言状”。在蒋经国催促下，蒋方良隔日带着四个孩子自溪口搭机辗转来到台湾，当时蒋经国最小的儿子蒋孝勇还不满周岁。

据说蒋经国曾考虑把家小送往英国或香港，但他没有钱供养他们，也不愿接受孔宋家族的奥援，更不能背弃蒋介石，因此还是选择让妻小提早落脚台湾。由于形势悲观，蒋经国甚至在衬衫领子里缝了颗氰化钾，随时做好被捕后自杀的准备。

就在蒋经国妻儿迁台的同一天中午，蒋介石指示“把船只准备好，明天我们要走了”，却未指示要往何处去。因此蒋经国连忙联系了“太康”舰，舰长为黎玉玺。隔日，蒋介石率领蒋经国辞别王太夫人墓与祖堂后，下午至象山口岸登舰，当时蒋介石才说：“到上海去！”

蒋介石此举实在是因为东南军事已一败涂地，上海不但人心浮动，同时经济形势危殆，所以他指示汤恩伯固守上海，并亲自坐镇盼做最后努力。蒋经国清楚一切挣扎实属徒劳无功，无奈地在日记中记载“大好河山，几至无立锥之地”，同时“溪口为祖宗庐墓所在，今一旦抛别，其沉痛之心情，更非笔墨所能形容于万一”。

“太康”舰于26日上午自吴淞口驶向复兴岛。蒋介石随即开始接见驻留上海的国民党人士，为策安全，最后夜宿岛上。但由于离市区太远，蒋介石命蒋经国筹办将住所迁往市区，最后落脚市区金神父路的励志社，蒋介石在上海市街巡视以安定人心。背地里，蒋经国已在安排招商局轮船，准备撤离上海了。

上海败退之势无法抵挡，加上杭州失陷，李宗仁再度来电，逼蒋出国，蒋介石虽然再度坚拒，也只能于6日带着蒋经国先去虹桥路拜别宋美龄父母的墓，再到东平路与宋美龄结婚时所住的“爱庐”看最后一眼，随后登上“江静”轮，夜宿船上，隔日如同蒋经国所说，像是“大海中的孤舟，四顾茫然”地驶离上海。

或许因为担心身边仍有共谍潜伏，蒋介石离开上海后依旧没指示目的地。在茫茫大海上，经大榭山、岱山，11日登普陀，在菩萨顶灯塔眺望，

1949年，蒋经国在东沙群岛与驻守岛上的蛙人合影。
在撤退前的这段时间里，蒋经国成为蒋介石指示沿海各地防务的重要代表。他每天飞行于东南沿海各个地区，视察防务，安抚军心

夜宿船上，隔日再赴舟山驻留。5 月 13 日，蒋孝文带着蒋方良的信前往舟山岛向蒋经国报平安。在危急之秋与儿子重逢，蒋经国在日记中感怀："韶光若白驹过隙，踪迹若水上浮萍，今日父子相依，海上漂泊，何去何从，得毋贻'云水'之诮乎？"

这段时间里，蒋经国成为蒋介石指示东南各地防务的重要代表。蒋介石驻留舟山期间，他即飞往遭解放军包围的上海，会晤汤恩伯，研究固守防务。紧接着又回到舟山，随同蒋介石搭机飞往澎湖马公。19 日、24 日，蒋经国又奉命两度从马公飞福州，与福建省主席朱一民讨论防务后，当天返回。22 日，蒋经国又奉命飞往上海处理物资之疏散事宜，中途先是机件故障迫降台湾嘉义，再起飞后，在象山上空接获江湾机场已有炮火射击的消息，只好又折返嘉义。

5 月 26 日，蒋介石由澎湖飞抵高雄，陆军训练司令孙立人在机场迎接，转往高雄寿山停留。蒋经国则是到台北拜访吴稚晖后，于 6 月 1 日飞冈山与蒋介石会合。蒋介石也在这段时间确定要到台湾重起炉灶，"建设台湾为实现三民主义的省区"。

至于蒋经国的私生子章孝慈、孝严及其外婆、舅舅、舅母，也在王升与政工人员协助下，于 5 月间从南昌搭车到厦门，接着再于 5 月 26 日搭乘"忠字"号 105 登陆舰赴台。这条船舰上载有故宫文物与黄金，因此戒护森严。章家抵台后因投靠亲戚，落脚新竹市。

执掌情治大权，助蒋介石重立国民党总裁形势

在行馆落脚的蒋介石，除登寿山，视察要塞与部队，还着手草拟防守及治理台湾的计划，决定"今后应以台湾防务为第一"。但形势如此，蒋介石即使想显得一派潇洒，也根本难挽大局，自称"念大势忧心如焚，几乎

不知人生有何意义矣，悒郁闷损莫可言状”。

蒋经国也是“连夜多梦，睡眠不安”，自承“赣南及福州的军事情况，已日渐紧张……我军之颓势已难挽回，无法阻止共军之进攻”。尤其 6 月 2 日刚好是端午节，蒋经国还想起了诗人屈原投江的故事，足见当时形势之紧张。

为稳定军心，蒋介石还是表达出强硬立场，强调自己虽然已下野，但仍是“革命领袖”，对革命军队拥有无上权力，他也“绝不放弃革命领袖之职责与权力，无论军政，必尽我监督与指导之职责，任何人亦不能加以违抗也”。

蒋经国也向老蒋提议需紧抓特务机构，防杜干部叛变与动乱。蒋介石与蒋经国在高雄特地召集唐纵、毛人凤等人，成立政治行动委员会，即台湾日后的“总统府机要室资料组”与“安全局”前身，统筹陆续抵台的各情报与治安机关，由蒋经国全权负责。

此举形同将情报单位主导权交给小蒋，为蒋经国接下来负责“监督筹划情报业务，对中国大陆游击活动的派遣和指挥”，以及为安定台湾形势而执行的全面肃清政治动作做准备，突显蒋经国未来在台湾政局中扮演的特殊角色。

1950 年 6 月 10 日，台湾。
法庭栏杆前的中共地下党员（由右至左）：原国民党军某长官公署总务处交际科长聂曦、原“国防部”中将参谋次长吴石（低首写遗嘱者）、中共华东局特派员朱谌之、原“联勤”总部第四兵站中将总监陈宝仓。这些人被国民党当局判死刑，他们都死于蒋经国的情治系统

蒋经国当时曾对陈诚治台的结果不表乐观，认为台湾危机四伏，不早日改进恐将发生动乱，“陈诚先生恐难负治台之重任”，向蒋介石建议以俞大维取代陈诚。

蒋介石对此建议并未多做响应。6 月 21 日下午，蒋介石与蒋经国搭机离开冈山，当晚抵达桃园大溪，之后再转到台北草山行馆居住，结束了这一段在南台湾“驻跸”的日子。老蒋在台北召开东南军事会议时，更委托陈诚接任东南军事长官职务。

此后，蒋介石在台北召集包括蒋经国在内的党内要人、幕僚，研商全盘改造党组织。为了重新拿回党务主导权，摆脱桂系干扰，1949 年 7 月 1 日，蒋介石抢在国民党将在广州召开中常会，讨论是否要改组战时决策组织前，以他个人幕僚单位名义，在草山御宾馆正式设置“总裁办公室”。

“总裁办公室”下设设计委员会及八个组，由蒋介石担任主席，宣告正式另起炉灶，在台湾成立国民党新中枢，为未来彻底改组吹响号角。这波异动，多属蒋介石亲近人士方能冒出头，尤其是掌管党务的第一组，组长谷正纲、副组长蒋经国——谷正纲又是小蒋的同学，因此形同让蒋经国掌握后续的党务改造大权。

仓皇逃离大陆，从此迁守台湾

“总裁办公室”成立后，蒋经国即以此名义前往各地联系机密事务或重要人士。古宁头战役发生，国民党均顺利阻挡解放军渡海来袭，隔天上午蒋经国比陈诚还早抵达金门展开慰问。8 月间先随蒋介石飞广州，再飞重庆。

为了安抚已起异心的云南省主席卢汉，蒋经国也于 9 月 21 日冒着危险，持蒋介石手书，提前飞昆明安排行程。当时为求慎重，蒋经国谎称蒋介石已取消行程，直到隔日老蒋抵达昆明前才临时知会卢汉与他单独去接机。蒋介石下机后在宪兵警戒下直接到卢汉宅邸会晤，44 小时后搭机离去，结束了这场极有可能发生意外的冒险。

之后蒋经国多次代表蒋介石到金门、厦门、定海等地慰问，同时视察当地将领与防务。在解放军金门古宁头登陆战役失败后，隔天也是蒋经国率先搭船抵达金门慰问。此外，他更亲自迎接于右任、吴礼卿等人到台北；10 月底，还在台湾与蒋介石趁空同游阿里山避寿。

11 月 14 日，为尽最后努力，并吸引解放军大规模部队，蒋介石率同蒋经国自台北搭乘班机赴重庆。面对陪都的最后一战，人心惶惶，连蒋介石贴身的幕僚都已慌乱无方，担心身陷战区而无从脱身。蒋经国甚至形容，当地已“充满了恐慌、惊怖和死寂的空气”。

蒋介石还是坚持坐镇重庆，并派蒋经国去川东前线视察，慰问宋希濂、罗广文等人。18 日，小蒋返回重庆，面对解放军四面八方包围的攻势，他再三催促老蒋赶快离开。直到 29 日，蒋介石才与蒋经国仓促间赶往白市驿机场撤离；由于形势紧急，甚至就睡在“中美”号座机内。

30 日清晨，解放军占领重庆，过江解放军已迫近机场仅约 20 华里。老蒋下令炸毁机场后，在恶劣天气下强行起飞，转往成都。一片混乱下，蒋介石于 12 月 7 日决定将中央政府迁台，并于 10 日由成都凤凰山机场飞往台北，正式退守台湾，从此再也没有离开过这个蕞尔小岛。

12 月 24 日圣诞夜，老蒋带着蒋经国全家自台北往日月潭暂歇，共度圣诞。虽有孙辈来玩、交换礼物的温馨，但老蒋留有最后一丝期待的西南保卫战已告尾声，解放军威胁尚未停歇；宋美龄也滞美一年未归，加上美国始终不愿表态支持，是以蒋介石在台湾依旧看不到一个安稳的未来。

这段时间里，蒋经国带了一部京戏电影回家给老蒋观赏，没想到蒋介石因为要向来台军民宣示他的反攻决心，不但拒绝，还在日记中自述，“余平生爱观平剧以解忧闷，彼（蒋经国）不知余私自立愿，如不收复北平，此生不再观平剧矣。故昨晚彼借平剧之电影来家邀观，余以为此虽电影，仍系平剧，故亦却之”，足见当时蒋介石心情之差。

但蒋介石不断独思党政军改革方针后，在日记中写道：“从前种种譬如昨日死，今后种种譬如今日生。过去一年间，党务、政治、经济、军事外交、教育已彻底失败而绝望矣。如仍能持志养气，贯彻到底，则新事业、新历史，皆从今日做起。”换言之，国民党的彻底改造、军队的整顿，已是他既定且迫切要处理的目标了。

蒋经国主持国民党改造，老蒋彻底流放陈立夫

虽然失去了江山，但蒋经国不再往来神州的炮火之间，让蒋方良安下心来，全家在台北市长安东路定居。被蒋经国奉为师长的吴敬恒（吴稚晖）、好友王新衡住处都离蒋经国家不远。

正值壮年的蒋经国，抵台初期并没有担任正式公职，只挂着“总裁”公子的身份四处奔波，往返于台北与阳明山上的“总裁办公室”。他不但薪资微薄，一度连专用配车都没有，最后也只找到一部美军快报废的吉普车，加上囊中羞涩前后长达数月，甚至还要蒋介石亲自拿钱补贴家用。

但蒋经国将在未来政坛扮演重要角色已是不争的事实。虽然他只担任“总裁办公室”第一组副组长，但除主管国民党党务外，之后更负责国民党的改造。当年年底蒋介石在涵碧楼研商国民党改造案，蒋经国也因此列名最核心讨论的要员行列。陈立夫在谈到要为大陆失败负责时，甚至还说国民党改造应把他与陈果夫兄弟二人除去，改由蒋经国主持。

但在这个动荡局面下，蒋介石面临的最严重的存亡问题还是在美国的态度上。早在1949年，美方判定蒋政权已然破产，陆续传出接管台湾之议，更有“台湾地位未定论”等说法。美国总统杜鲁门更毫不避讳对老蒋的厌恶，对国民党求援束手不理，还由国务院发表“中美关系白皮书”，痛批蒋介石的

1950 年 7 月，蒋经国（前排右一）奉派为中国国民党中央改造委员会委员，研商党务改造工作

1950 年 12 月 7 日，蒋经国主持“防务部”政工干部训练班第一分班毕业检讨会。

政工干校的教育宗旨为“以培养笃信三民主义，服从最高领袖……使能参与陆海空军各级部队……共同完成国民革命第三任务使命”。政干班毕业生被分配到各部队任职，从事政治工作，积极进行反共活动，而政干班也被台舆论界称为“政治、经济、军事性的反共堡垒”

失败是因为国民政府贪污、无能以及无法配合美国的军事和政治援助进行改革，因此蒋政权终结只是时间问题，更是咎由自取，这立刻引发全岛动荡。

为争取美国支持，蒋介石重用亲美的吴国桢、孙立人，杜鲁门却依旧于1950年1月5日声明美国不拟用任何方式干预中国内战，不会军援蒋介石，更不会卷入中国内部冲突，未来也不打算提供给在台军队任何军事援助与顾问意见。美方甚至数度评估驱蒋自立的可能性。到了5月间，海南岛、舟山群岛陆续沦陷，台湾虽然高喊“同舟共济”，但解放军要渡海解放台湾的压力，让当时台湾社会的气氛已经紧绷到极限。

直到6月25日朝鲜战争爆发，冷战局势确立，台湾重新成为美国盟友与美军第七舰队的防卫目标，国民党偏安局面才初步稳了下来。蒋介石也从此时开始从事党内改造与清算，首当其冲的就是与蒋介石、蒋经国父子曾亲如骨肉的陈果夫、陈立夫兄弟。

为彻底解决CC系的势力，蒋介石软硬兼施，甚至以不批公文、不开中央常委会等方式，迫使国民党中央常委会临时会通过由张其昀、蒋经国所提的《本党改造案》，将国民党重新定位为革命民主政党，坚持反共抗苏，组织采用民主集中制，并决定国民党第六届中央执委、监委会停止行使职权，授权蒋介石遴选15到25人组成“中央”改造委员会，代行大陆时期400多名中央委员职权。

7月26日，蒋介石在台北宾馆举行“中央”执行委员谈话会，宣布16名改造委员会委员名单。蒋介石设立无实权的“中央”评议委员会，把过去各拥山头的党内元老供了起来，实际予以架空。这次权力大洗牌，除了陈诚扶摇直上，成了国民党第二号人物，之前党内未居要津的蒋经国也跻身其中，又出任干部训练委员会主委，政治分量急速增加。

原本于1935年在重庆选出的第六届中央执行委员会和中央监察委员会，无论正选还是候补的460名委员中，蒋经国都未列名，显示出当时蒋介石还不愿小蒋过早浮上台面。但从改造案后，蒋经国不但掌握许多党内新拔擢干部，扩大党内人脉，位阶也明显提升。尤其他跟着接手在台高度集权意识形态灌输和党纪整顿工作，其政治实力可想而知。

1952 年 10 月，国民党改选第七届“中央”委员，此时的蒋经国已列名第二，紧跟陈诚之后，排名甚至比“五院”院长及党秘书长都来得高。吴国桢在回忆录中指出，国民党七全大会 200 多名代表“十分之九是蒋经国的人”，会议也全由蒋经国人马掌控。

蒋经国表明国民党未来将以青年、知识分子、农工生产者与广大劳动者为群众基础，不是一个阶级的政党，这正与他的一贯思维若合符节。至于在组织上，除了以党领政，国民党也在此时确立了要采取类似于中共的“民主集中制”，强化各级组织，从中都可以看出蒋经国的影子。

回过头来看，在国民党改造时未参与重新登记的 200 多名中央委员，在这波清洗之后，一律被撤销党籍。是以国民党内除了党团、黄埔系与蒋介石文宣体系仍有一定影响力外，CC 系势力顺势被彻底瓦解，唯独在蒋介石下野时坚决拥蒋的张道藩与谷正纲留了下来。

大佬陈立夫所有党职均被拔除，党员重新登记也没去办理，彻底排除了参加党务或幕后指挥的可能，并避往台中。其后，陈立夫通过张道藩了解蒋介石要求他离开台湾，加上估计可能被情治人员，甚至被蒋经国逮捕，他自行写信给老蒋要求出洋。蒋介石随即通过养病的陈果夫转告批准陈立夫以参加世界道德重振会年会名义离台，并送路费五万美元。

据抵台后成为 CC 系大将的前“立法院”院长梁肃戎说，老蒋根本限令陈立夫 24 小时内离境，毫不留情。1950 年 8 月 4 日，陈立夫举家离开台湾，据说陈立夫行前向蒋介石辞行，求见一面不可得，仅由宋美龄出面致赠陈立夫一本《圣经》。陈立夫指着墙上的蒋介石肖像说：“夫人，活的上帝都不信任我，另一个上帝也没有用。”

陈立夫就在这种“回国时间没有确定”的状况下离开了台湾，不过蒋经国还是到松山机场去送了他最后一程，聊表私人情谊。

蒋经国自警

蒋经国先生少时即被父亲要求每天读书并记录自己的心得。蒋介石有日记传世，每日在日记中记录与规范自己的言行。蒋经国自苏联回国后，即也仿父亲写书习字。蒋经国曾在台湾出版一本《风雨中的宁静》。这本书是蒋经国先生亲自选择其最钟意的15篇散文所组成的文集。内容有恩父、忆友、日记、纪行、演讲等，皆具亲和、平易、清晰、宁静、挚爱、感人、重视原则等特质，充分展现出其朴素、坚强、真诚、感性的内心世界，是“作家蒋经国”最深层、最具有代表性的作品。这本书中大量记录了他自警的格言与自醒语。

※

在言语上要能信实而有节制；在工作上要能忠实而勤勉；时时刻刻，望着永恒的目标前进。

※

每日带着忧时悔过的心，坦白赤诚，无所隐饰地承认自己所做过的种种过错。

※

恒久的忍耐，才能得到忍耐的代价。

※

在自己的心里，扫清了一切对人的恶念，才能除去一切烦恼和苦痛。

※

静敬恬淡心平气和，来认清世事的真相，走上艰辛向上的光明胜利之路。

※

对于一切得罪我的人，不让我稍存乘机报复的恶念。

※

每天不要想到我自己能得到什么，而要想到我所能贡献给别人的是什么。

※

任何事物都可丧失，不可丧失的是自己的人格和灵魂；凡是临难不苟和守善不屈的人，虽败亦胜；他将永远是光荣的胜利者。

※

做了好事，不要诩诩自得，更不要想如何得到别人的称赞和报答。右手所做的善事，不要让左手知道。

※

我的行为和目的，是否彬彬有礼、光明磊落？我的内心要纯净光大，决不为卑劣的念头稍留余地，我应以公平诚实的心，待人接物。言论严正，不稍偏颇。言行相顾，表里如一，我自己既不自持，亦不妄自菲薄。

※

在我心的深处，要焚毁一切可耻的邪恶的念头。

※

我应当把公理和正义，放在一切之上；把别人的利益，放在我自己之前。把高尚的事业目标，来代替个人的利欲。

※

我虽一无所有，但在内心里，应当感觉到无所不有；决不要犯小器吝啬的恶习，而要有一双大方的手，来创造救人救世的大业。

※

我衷心怆痛，追悔那潜藏在我心中，而且影响我行为的一切粗暴和自私的习性。

※

我应当时时刻刻自己问自己，是不是又有哪些事当做未做，而不当做的却做了。

※

不要让昨天的罪，在今天的生活里重现，亦不要让今天的罪留下来，作为明天的恶种子。

※

我的过失是：眼高手低，说得多，做得少，有志向善，往往不能躬身实践，责人太多，而恕己太甚；不能完全克服懒散逸乐的念头。处大事难有确实把握，对小事又不屑履行；处逆境缺乏毅力，对顺境太自满足。

※

我在紧张纷忙的时候，仍要能追求那我在镇静安定中所追求的事物。

※

我要欣赏碧绿幽静的原野，而不迷恋浮嚣繁华的城市。我要在万忙之中，不遗忘碧空旷野，我要用身外景物之真美，和心内灵淑之气质，来荡尽我胸中一切空虚无益的焦虑，和一切使人萎靡不振的忧郁。我要能以宁静勇敢之精神、愉快高尚之情绪，忍一切的耻辱，受一切的痛苦，来担当艰巨。

※

我要利用失望来证验信心，利用失败来训练毅力，利用危险来培养勇气，利用冤屈来试验耐心。在称赞中求谦虚，在快乐中求节制，在痛苦中来培养动心忍性的力量。在困难痛苦的时候，不要起焦躁不安的情绪，而要能使内心静如止水。

※

时时刻刻要能心平气和，不要逞义气，不要慌张情急，随便说话。

※

今天我应当深自反省，是否曾经躲避过责任和困难？是否存有种种的妄念？是否说过不公平和不正当的话语？有则改之，无则加勉。

※

在我的一切工作上，是否兢兢业业践履笃实？光荣无愧？

※

我要牢记着：真正有价值的东西，不是财产金银，不是房屋田产，不是身体的舒适和逸乐。而是真理、荣耀、谦虚、勇敢和对于国家的纯净的爱。

※

敞开我的心门，充满人生的光辉，使我有一颗勇敢的、诚实的、慈悲的、宽大的、忍受压制的、役于人而不受人服侍的一颗心。

※

我应当把必死之身体，看作是我的不死之灵魂的仆役。

※

不要因为尘世的种种扰攘喧嚣，使我昏迷糊涂，以致听不到真话，看不见真情。

※

不要把“诚实”和“宽容”当作是一种策略与手段，要永远存有清洁诚实的意念与宽恕和气的心地。

※

为了高尚的目标，甘愿历苦舍生，忍受一切忧伤创痛，来建设永恒的快乐。

※

一日如千年，千年如一日。

“今天的心，不要为灰飞梦幻的思念所占据，不要贪图虚荣，总要存心谦虚，看别人总比自己强。我应当把一切仇隙、愤怒、怨恨、浮嚣与恶念、恶语，完全除掉，应当待人和睦，存心仁厚，能和才能成大事，能仁才能成大器。”

第七卷　特务

- 执掌情治大权，主导破坏中共地下网络

- 小蒋制造白色恐怖时期

- “太子”逼吴国桢离台

- 孙立人遭软禁内幕

►1951 年 10 月 27 日，长安东路寓所。
蒋孝勇三岁生日，蒋经国与妻子蒋方良和他们的孩子一起嬉戏。爸爸蒋经国趴在地上当马儿，任由两个儿子孝武、孝勇在背上放肆淘气，四人都笑开了怀。无论身为怎样的政治人物，为人父的蒋经国在孩子面前极尽慈爱，而母亲蒋方良也被形容为“像一位典型的美国母亲般宠爱与纵容儿子”

宋美龄参加妇联会的活动，和孩子们开心地玩游戏。
宋美龄向来给人冷傲的贵气，让人不敢轻易接近。和孩子们相处的时刻让她放下心机和思虑，尽情绽放快乐。看她和孩子们玩得如此投入，好像又回到了童年时光

蒋经国全家出动，仿佛做好了起程度假的准备。蒋孝章挽上了哥哥的胳膊

从未生育的宋美龄对蒋经国与蒋纬国的孩子十分疼爱。无事时，常喜欢与几个孩子玩弦弄琴，含饴弄孙之乐，流露无遗

第七卷

特务

执掌情治大权，主导破坏中共地下网络

比起主导党内改造，蒋经国在赴台初期真正的权力来源，乃至于让人戒慎恐惧之处，还是在于他接掌了全台的特务机关情治大权。尤其“政治行动委员会”于1950年年末改组为“机要室资料组”，执掌情报工作，直到1954年7月再改组为“安全局”，过程都是由蒋经国亲手主导，足见其台面下的影响力。

一如蒋孝勇等人所说，蒋经国接手情治单位，甚至赴台初期以雷厉风行的手法肃清中共地下情治系统，确有其不可不然的急迫性。像1950年2月的吴石案，就是台湾情治单位打击军队中中共地下组织的大规模扫荡行动。

吴石系当时台湾“防务部”参谋次长，官拜中将。全案起因自1950年1月，共产党台湾工委书记蔡孝千被保密局逮捕后，情治单位宣称掌握超过400名中共在台人员名单，随即以变节、提供中共情报为由，逮捕吴石，并从定海将居中策应的中共华东局女地下工作者朱谌之秘密逮捕后押回台湾受审。

经数月审讯后，吴石、朱谌之、吴石的副官聂曦、“联勤”总部中将第四兵站总监陈宝仓等六人均被判死刑，另有四人被判五到十年徒刑。同年2月的中共中央社会部台湾工作站案，被捕者更高达107人，其中25人被判死刑。另有19案合成的中共台湾省工作委员会案，涉案人数超过千人，更有近200人遭枪决。

大规模枪决动作，其实反映出国民党政府绝境中坚壁清野的企图心。一方面，解放军节节进逼退无可退的台湾，同时通过各渠道加紧渗透；另一方面，蒋介石身边实无可信之人，此等大事只好放手一搏交给儿子蒋经国。蒋经国曾冒大不韪，亲自出面说明几项重大“中共谍案”侦破情形，实有其破釜沉舟的压力。但这位前联共（布）党员也就此沾染上了他曾经的同志的鲜血。

小蒋的影响力扩大并不仅限于此。1950 年 4 月，他正式接任由“国防部”政工局改制的政治部主任，之后又改为“总政治部”主任。为紧紧控制住军队动向，基于苏维埃以党领军的核心思维，他先后推动设置强化军中党部、政战体系等措施，才逐渐让蒋介石在台湾全面稳住脚根。

深谙苏维埃群众动员理论的蒋经国，也通过营造一连串政治运动影响舆论。他在 20 世纪 50 年代初期提出“克难运动”，要求军民配合建军备战，俭朴自持，克制消费，应付解放军进逼与民生凋敝；还特地把军中“克难运动”与蒋介石祝寿活动相结合，号召人人节约、戒烟、扩大生产能量，甚至扩大建军、捐献米粮，以带动部队效法。

执掌军中政战体系过程中，蒋经国倡导人事公开、赏罚公开、财政公开、意见公开这“四大公开”，希望彻底改革军队体制与文化，加上他相当关心官兵权益与福利，在军内普通军士中积攒下威望。不过，政工单位直接把干预之手伸到部队里，蒋经国甚至通过创办政工干校，培训出一批新的青年政工干部投入部队，外加加强思想教育与部队内部管制的做法，也让他的作风与形象备受争议。蒋经国自己也说，必须贯彻领袖信仰，即便被批评为顽固、幼稚、法西斯派也在所不惜。而这些动作与作风，其实全部源自他在苏的经历与经验。

当时除了美国军方，许多在台的观察人士也质疑国民党政工组织“手段毒辣”。蒋经国执掌的政工体系，更通过所谓的军中思想教育，把反攻大陆、信仰三民主义与效忠蒋介石列为部队核心理念，甚或规定军队必须对领袖绝对效忠与无条件服从，导致吴国桢、孙立人与雷震等人都为此心生不满，与蒋经国起过正面冲突，终到撕破脸而被迫与老蒋恩断义绝，甚或达到被整肃、逮捕的地步。

以雷震为例，他原先是蒋介石的重要幕僚，不但被指派参与国民党改造工作，蒋经国在老蒋溪口下野时期看到雷震甚至以叔叔称之，却因为雷震反对军中党部，两人不但翻脸，蒋经国甚至曾当面痛斥雷震遭共产党唆使，从此两人形同陌路。

在蒋经国主导下，台湾的情治单位、政工组织更为严明，大幅减少过去争功诿过、同流合污的陋习。只是国民党与相关单位祭出了反攻大陆与保密防谍的大帽子，让许多保守派、激进人士找到了炒作空间。许多人坚持，在台湾局势严峻的时刻，空谈自由民主并不合宜，甚至已经到了“台湾没有一处没有敌人”的地步。

小蒋制造白色恐怖时期

也就在这种为求生存不择手段的冲击下，基于对共产党的恐惧，关于“共谍”的指控被无限上纲，几乎到了无事不会被怀疑、问罪的地步，台湾步入了所谓的“白色恐怖”时代。

当时借着肃清“匪谍”的名义，情治单位机关受到纵容，得以介入全体人民的各类活动中，加上宁可错杀、不愿放过的想法，导致许多民众因涉及相关案件就不分青红皂白地受难。

迥异于二二八事件，白色恐怖涉及对象不分本省或外省籍，甚至只是接触过马列主义读本的年轻学生都可能在名单之列，成为《惩治叛乱条例》及《动员戡乱时期检肃匪谍条例》所追缉的犯罪对象，公权力也因此在漫长的“戒严”时期中受到滥用。

以20世纪50年代为例，从1949年到1955年查缉匪谍高峰期，国民党查获并处决中共地下党员高达数千人。现今台北市青年公园、南机场国宅一带的河堤，从日据时期开始就是枪决政治犯的著名刑场，因此成为众人口中不敢提及的恐怖之地。另有为数众多的人是因案涉入而被判刑或监禁，因此绿岛关押的政治犯竟高达14 000人。

具体案件方面，1949年发生于澎湖的七一三事件是台湾白色恐怖滥觞之例。当年约8000名山东流亡学生在烟台联合中学校长张敏之带领下，计划跟随国民党到台湾，由澎湖防卫司令部李振清派船接运到澎湖并成立流亡联合学校。因部队严重缺员，7月13日，当地驻防三十九师师长韩凤仪与李振清前往学校强行要求学生参军，引发反弹。

争议中，校长张敏之与韩凤仪发生激烈口角，最后不但部队弹压，发生流血冲突，张敏之和五名同学遭逮捕、刑求后，竟被送到台北市青年公园马场町枪决。其余部分拒绝从军的学生甚至被蒙住双眼、套上麻袋后丢入海中，失踪者达200余人。被害者家属之后因“匪谍”之嫌遭到长期监控，他们甚至多次通过山东籍“国代”上书蒋介石与陈诚，但均无下文。

这批白色恐怖下的冤魂，也包括黄埔一期将领、因长沙大捷而荣获青天白日勋章的李玉堂。李玉堂在解放战争末期把守海南岛，因挡不住解放军攻势而撤台，来台后不久，情治单位宣称逮捕中共地下工作联络员李刚，指李刚已成功策反李玉堂，因此以“陈石菁、魏天民匪谍案”为由，秘密逮捕李玉堂与其妻陈伯兰、妻兄陈石菁。

当时连军事法庭都查明李玉堂确未与妻兄同谋，罪在治家不严，最多只是七年徒刑，但遭蒋介石两度退回后，终于与妻子分别被以“包庇叛徒”与“煽惑军人（指李玉堂）逃叛未遂”之罪，处以死刑。1951年2月5日，也就是当年除夕，在台北碧潭执行枪决，震惊朝野。

李玉堂夫妇遭枪决后沉冤长达半世纪，直到李玉堂遗孤李国英女士极力要求平反，台湾当局经重新调出全部档案并慎重审查，最后以具体实证而决议补偿，并颁“恢复名誉证书”，才让李玉堂夫妇沉冤昭雪。

李玉堂也非唯一受害的青天白日勋章将领，黄埔军校第四期毕业的段澐，先后参加徐州会战、长衡会战、浙赣战役、常德会战和桂柳会战，并曾率军赴越南与台湾接受日军投降。1949 年，段澐不但派兵敉平溪口叛乱，还担任台湾防卫总司令部副总司令职务。

但因段澐是程潜的女婿，所以于 1952 年 8 月以“知匪不报”为由突然被保密局逮捕，经一年半监禁，最后于 1954 年 2 月 3 日在没有判决书的情况下，以“共谍”名义，与其胞兄、妹夫、堂兄均遭枪决。据官方估计，在白色恐怖数十年间，因思想、言论涉及叛乱罪，被依《动员戡乱时期检肃匪谍条例》逮捕的受难者起码有 8296 人。民间怀疑全案牵涉受害人数恐在 20 万人以上。

“太子”逼吴国桢离台

由于兵荒马乱，台湾情治单位势力当时扩张迅速，密切的监控与强硬的手段，让台湾社会落入不敢公开谈论政治的沉默中。胡适 1952 年年底自美返台进行短暂访问，离去前对蒋介石直言，他返台后发现，台湾“无一人批评彭孟缉”“无一语批评蒋经国”“无一语批评蒋‘总统’”，因此台湾无言论自由，“尽在不言中”。

尤有甚者，许多台面上的重要人物，也分别成为情治单位锁定的监控对象。1949 年年底风雨飘摇之际，蒋介石任命立场亲美的吴国桢接替陈诚担任台湾省主席兼保安司令、“行政院”政务委员职务，盼借此化解美方疑虑并争取美援。但是吴国桢的美式风格，从上海时期就与蒋经国的苏派作风格格不入，此时更是冲突不断。尤其吴国桢执掌省府，蒋经国辖下的政务或团务预算很多需要吴国桢通融，吴却都消极抵制，二者关系自然更形恶化。

双方最著名的争议点出在台湾火柴公司总经理王哲甫的通匪案。当时台湾火柴公司是由留在大陆的“左”倾电影制片人吴性栽担任董事长，为了向新中国表态，吴性栽曾拍了部批蒋电影，结果不但自己被列为附匪商人，情治单位更以吴、王间有联系为由，将王哲甫逮捕并没收公司。吴国桢以台湾保安司令身份，召见时任台湾保安副司令的彭孟缉，认为卷宗内证据尚无法证明有通匪之嫌，过于牵强而入人于罪，所以以书面命令要求放人。没想到隔天蒋经国亲自带着彭孟缉去见吴国桢，指逮捕是依据蒋介石的特别命令，证据充足，吴国桢仍坚称接管非法，双方不欢而散，王哲甫被判死刑。直到吴国桢大力反对，经蒋介石斡旋，才改判七年徒刑。

在与蒋经国撕破脸后，吴国桢一度向蒋介石要求，不要再让蒋经国主管特务工作，但遭拒。吴国桢还在回忆录里指称，之后他不但遭到情治单位长期监控并将消息向蒋经国汇报，甚至1952年复活节与妻子同游日月潭时，发现座驾前轮与主轴连接处疑似螺丝松动，险遭不测，疑是特务企图暗杀。因此他先是坚辞省主席职务，来年又以考察并接受荣誉博士学位名义赴美。

没想到吴国桢脱身后不久，台湾政坛随即出现抨击他贪污套取巨额外汇的传闻，让吴国桢大怒并全面反击，痛批台湾当时不但由蒋介石独裁专制，更有六大政治问题：一党专政、军队政战部门问题、特务问题、人权问题、言论自由与思想控制。

吴国桢的指控几乎都是冲着蒋经国而来。不久，被撤职处分、开除党籍的吴国桢在美刊出文章，批评蒋介石“自私之心较爱台之心为重，且又故步自封，不予任何人以批评建议之机会”，同时把矛头直指蒋经国，主张将“太子”送入“美国大学或研究院读书”，否则会妨碍台湾进步。

蒋经国则是在政工训练班的演说中，反击吴国桢的批评是在“企图破坏我们的政工”，同时“如果让吴国桢思想去发展，也就是让敌人的阴谋去发展”。

孙立人遭软禁内幕

吴国桢流亡离台，只是一个开始。在情治单位压力下，出现了另一场国民党内的高层将领政治冤案：孙立人案。留美出身、弗吉尼亚军校毕业的孙立人是中国少数曾在国外打过胜仗的名将，更是美方积极争取“驱蒋自立”的目标。

蒋介石虽为拉拢美国而重用孙立人，却在日记中强调，“共匪与俄谍”到处活动、阴谋挑拨，以孙立人为目标，“将行谗间”。表面上，蒋介石对孙立人表达信赖，私下却认定孙立人“有异心”，更曾在日记中记载，需“严戒孙立人阳奉阴违及招奸泄机各种不法行动”。

心高气傲的孙立人，没有提防蒋介石的情治单位对他的高度监控，频频会见美方政军界人物，不时抱怨国民党与军队腐化，全遭政工体系掌握。由于非黄埔系的孙立人对蒋经国在军中布建苏维埃模式政工制度、成立“国防部总政治部”的做法颇为不满，二人屡起争执，也让他成为箭靶，

1956 年，参加第六届英雄大会的所谓的“克难英雄”和战士在台北市中山堂餐叙话别，时任副秘书长的蒋经国在席上与“克难英雄”猜拳比酒。

赴台之后，深谙苏联群众动员理论的蒋经国，通过营造一连串政治运动影响舆论。他于 20 世纪 50 年代初发起“克难运动”，要求军民勤俭自持、克制消费，以应付民生凋敝之窘迫现状。他更把“克难运动”与蒋介石祝寿相联系，号召人人节约、戒烟、扩大生产能量，在军民中把握了舆论的导向

处境越来越不利。

为“围剿”孙立人，先是两名女性部属被以“匪谍”名义逮捕判刑，让孙立人陷入挨打局面。1955年6月6日，国民党军队政工系统于蒋介石南下视察校阅空军基地的前一晚，指称孙立人旧部属——少校联络官、陆军步校教官郭廷亮计划趁蒋介石在屏东机场阅兵时，煽动机枪手瞄准司令台，造成混乱，以发动兵变。包括孙立人在内，相关人士陆续遭软禁、逮捕，引发轩然大波。

蒋经国的政工系统指称孙立人曾向美方转达有意政变，并饬部属王善从、陈良埙侦察蒋介石出入频繁的阳明山、西子湾行馆地形以绘制地图，刺探高雄要塞警备情形，意图以兵力包围，是以认定孙立人政变动机与迹象明确，将他软禁在台北市南昌街官邸内。

由于国民党手中并无任何孙立人涉及兵变案的直接证据，孙立人更极力自清各项指控太过荒谬牵强，孙案引起了激烈非议，美国政府与军方均强调无法接受孙立人是共产党的说辞。蒋介石在没有具体证据、未经正式审讯判决下，于10月8日下令，孙立人“今即令准免去‘总统府’参军长职务，特准予自新，毋庸另行议处，由‘国防部’随时查考，以观后效”。

蒋介石“不杀、不审、不问、不判、不抓、不关、不放”，把一代名将孙立人软禁、监视长达33年。

通过逐渐执掌台湾军事、情治与青年工作大权，建立军中政工制度，通过革命实践研究院大规模组训、教育党政军干部，又发动大规模搜捕中共地下党员，蒋经国的政治实力与影响力在20世纪50年代中期已不可同日而语。虽然他仍自奉俭朴，寓所摆设极其简单俭约，看不出官宦气息，但屋内陈列着的一整排当时罕见的电话却显示了主人的分量。

因此无论蒋经国知情与否，在他享受到权力与影响力的同时，这笔账也都算到了他的头上。据称宋美龄就曾向蒋介石直言，应该让蒋经国多到政府单位磨炼，而不单单是做个情报头子。

“人爱人在中国人的眼睛里，是一种懦弱的表示，这就是中国所以衰弱、所以落后的最大的原因。”

第八卷　反美先锋？

- “救国团”与青年导师。蒋太子运筹青年族群

- 应邀访美40天

- “华美协进会”服装义演案，陈香梅哭诉告状

- 刘自然案，台湾“戒严”时期罕见的反美流血暴动

1955 年，蒋方良率领妇联会同志和孩子们畅游阿里山。
远在日据时代，阿里山和日月潭的美景就已闻名遐迩。朋友和孩子们站在游览的小火车上，好奇而兴奋地向外张望，景色想必十分宜人

◀1958 年 10 月，蒋经国随侍蒋介石视察金门，眺望大陆沿海形势。

蒋介石披着巨大的风衣，夸张得像是武侠片中的隐居高手。但当他来到鹊山阵地时，这里已是树倒山崩，残垣废墟，满目疮痍。反攻大陆的雄心一如他逐渐衰老的年华，大势渐去。遥想撤退之前，蒋公亲率陈诚、蒋经国乘飞机视察金门，他在空中注目金门良久，问："你们看，金门像什么？"经国答："金门像个红黄色的大哑铃，横卧在厦门湾的大嘴巴里。"陈诚说："金门岛的形状像一根丢在地上的人骨头，两头大，中间小。"蒋介石说："金门是根刺。"当时金门既未驻兵，也无工事。蒋介石下决心固守金门。问蒋经国："谁守金门？"蒋经国说："汤恩伯吧。金门为金，汤司令官姓汤，加起来是'金汤'，固若金汤嘛。"后来李良荣的二十二兵团代号即为"金汤"

20 世纪 50 年代，蒋经国在家中招待友人，穿着随意，菜色平淡，不过举杯时丝毫不减生活的豪情。彼时台湾仍处于管制外汇与高消费的年代，不准进口洋酒，但蒋经国与蒋方良钟爱伏特加且酒量颇佳是众所周知，因此有人想办法弄来一些送给两位，夫妻两人也时常会在自家饭桌上斟酒对酌。虽不乏有人刻意亲近，但蒋经国颇为谨慎。只是因年少力壮又性喜热闹，当时蒋经国官邸自然少不了各类应酬。酒量、胆量俱佳的蒋经国夫妇，也成为热情的主人，蒋经国甚至会亲自端菜来款待客人

婆媳之间闲话家常。

名分上，宋美龄是蒋经国的母亲，自然也是蒋方良的婆婆。二人自蒋经国夫妇从苏返国后相处开始，一直保持融洽的关系。在婆婆宋美龄眼中，蒋方良是本分、温柔的洋媳妇；在蒋方良眼中，宋美龄是雍容华贵、仪态万千的第一夫人。也正因为宋美龄的存在，蒋方良亦不让别人称呼自己为“蒋夫人”

蒋经国课子阅读。

蒋家人丁兴旺，到第三代时，已经成为有着几十口人的大家庭。蒋经国无疑对儿女们寄予厚望，但无奈子女问题成为他的终生遗憾。他晚年曾在七海官邸向弟弟蒋纬国大吐苦水，称“任何大风大浪、国际横逆，我都可以挡得住，唯有自己的孩子到如此地步，我受不了”。

蒋经国与黄杰巡视金门，摄于 1960 年年初

第八卷

反美先锋？

“救国团”与青年导师
蒋太子运筹青年族群

20 世纪 50 年代初期，蒋经国固然有执掌情治单位阴暗的一面，但在台面上，他依旧是企图心与干劲十足的“总裁”之子，时常自己开着一辆吉普车四处跑。他豪爽好客、喜好交际，号称千杯不醉，在台北政坛别具盛名。平时如有机会到军中巡视，蒋经国更是时常与基层士兵干杯、划酒拳。

当时蒋经国身边还没有成群的侍卫，不时可以看到他们夫妇带孩子逛街、买零食，或假日全家出外打牙祭。家里除夫妇寝室，年龄较大的蒋孝文、蒋孝章各有一个房间外，蒋孝武、蒋孝勇因年龄较小，和奶妈同住一间房；蒋经国书房里还挂着抗战时期死于日军轰炸的母亲的遗像。

虽然官邸有用人、厨师，不过摆设相当简单，甚至连冰箱都没有。出身工厂女工的蒋方良勤俭持家惯了，还是喜欢自己动手操持家务、烧菜，路人甚至还可以看到她经常在院子里清洗窗帘、养鸡。

虽然 20 世纪 50 年代台湾仍处于管制外汇与高消费年代，不准进口洋酒，但有心人知道蒋经国与蒋方良喜欢喝伏特加且酒量颇佳，还是想办法弄来伏特加送到蒋经国家里，夫妻俩有时也会在自家饭桌斟酒对酌。

每年元月 13 日俄罗斯新年时，蒋经国夫妇还会联袂前往位于台北市汉口街、白俄罗斯人乔治·艾斯尼与台湾人简锦锥所共同开设的明星西点

蒋经国手持“救国团”的队徽，正对干部进行讲话。

1952 年，蒋经国催生“救国团”，担任“救国团”主任，1973 年方卸下主任一职。其间，他被称为“永远的蒋主任”和“青年导师”，颇受青年学生的欢迎。蒋在“救国团”培育政治班底、累积资本，但在民间，“救国团”只是寓教于乐的单位。在物质缺乏的年代，必须通过“救国团”才能以低廉的价格与成本满足青年的休闲需求。因此，在寒暑假时，高中、大专生以参加“救国团”僧多粥少的户外活动为荣，例如体验军中生活的“战斗营”、中横公路健行等等。从这类活动中，年轻人得以锻炼体魄与培养人格成长，并借此结交异性。“救国团”带给许多人一段温馨的青春回忆面包厂享用少有的俄罗斯料理以解“乡”愁，并跟许多苏联客人一同喝伏特加，甚至举杯高喊干杯。像驾驶专机载两蒋自四川抵台的衣复恩或是老蒋的御医熊丸，就是常到蒋家打牙祭的挚友。

在党国大佬包围下的蒋经国，由于陈诚尚在，暂时还看不出蒋介石有明显传子不传贤的动作，所以公开的作风格外低调。

从未上过战场的蒋经国由于出任“总政治部”主任，挂了三星上将缺，让不少军中耆老说闲话，以至于蒋经国在听到批评后，就极少穿着军服露面了，多半穿着青年装或中山装出席各场合；但迎接朝鲜战争被俘中国志愿军人员抵达台湾的重要任务，老蒋还是指派蒋经国前往办理。蒋经国除了通过政工干校培养出一批深植台湾政坛各层面的班底，更针对国民党向来弱势的学生族群主动出击，争取组织、团结学生，使青年成为支持国民党的力量。

1952年，在蒋介石以文告《告全国青年书》宣示必须做好青年人政治思想工作之后，蒋经国授命，由“总政治部”筹组一个青年组织，即“青年反共救国团”。1952年10月31日，“救国团”正式成立，蒋经国担任首任主任，并由其亲信李焕担任秘书。

“救国团”性质基本上类似于已并入国民党的三民主义青年团，同时兼管各级学校内的军训教育课程，且强制规定所有高中以上学生为当然团员，年满16岁、未超过25岁之社会青年，若符合条件者都必须加入，因此引发质疑。有人认为改造过后的国民党不该再回到过去党内有党的情况，也有人批评这种方式是在设立青年里的秘密党部，颇类似情报、调查等组织，还更像是在为蒋经国累积政治资本。为化解疑虑与降低不同政治势力的批判，同时让青年更能接受“救国团”的教育与理念，蒋经国力求冲淡“救国团”的政治团体色彩，同时强调不在海外发展组织，并更近一步通过文艺、登山、科学考察等许多营队活动，以满足青年的休闲需要。

在那个物质缺乏的年代，当时许多景点都受严格军事管制，想休闲度假可说是奢侈享受，换言之，也必须通过“救国团”才能以低廉价格与成本满足青年休闲需求；学生甚至须经过国民党考核，才能在僧多粥少的情况下参与活动。因此“救国团”迅速让蒋经国建立起关怀青年、开放的名声，加上文宣组织推波助澜，使他赢得台湾年轻族群的信赖与“永远的蒋主任”“青年导师”等封号。蒋经国从“救国团”成立开始，就对这个组织抱持积极参与支持的态度，即使日后他卸下团主任一职，仍定期每周与“救国团”负责人会晤，了解执行情形。

应邀访美 40 天

国民党组织改造向苏维埃靠拢，加上蒋介石又陆续采纳蒋经国提议，加强军事管制与军队政战系统控制，立刻引起美国重视。尤其蒋经国以“太子”之姿，对蒋介石的影响力与日俱增，加上他年轻时长年停留苏联，有完整的苏维埃教育与党务背景，因此蒋经国对苏维埃的关系与态度一直是美国甚至国民党内的关注焦点。

事实上，蒋经国从苏联返回中国之后，的确在作风上与国民党或孔宋家族的亲美基调大不相同。早在 1947 年下半年，美国对蒋介石军事援助逐渐缩手之际，根据美国大使馆搜集的信息，蒋经国就曾建议老蒋主动和莫斯科接触，甚至出访莫斯科，希望对美方施加压力。

因此美国在朝鲜战争爆发、重新接纳蒋介石作为盟友后，借着立场亲蒋的太平洋舰队司令雷德福访台的机会，主动邀请行事低调、充满“神秘感”的蒋经国访美，一方面试探蒋经国对苏联与美国的支持意向，另一方面也希望对他施加影响，接受西方民主观念与制度。

这是美方在国民党迁台后，首度邀请国民党高级人士正式造访，更是蒋经国首度见识西方资本主义大国建设，行程前后长达 40 天。蒋经国也与美国前CIA（美国中央情报局）局长艾伦·杜勒斯讨论情报交换问题，可说成果丰硕，甚至传言美国军方曾邀请小蒋视察原子弹试爆情形。但因为推动军队政工的做法与台湾白色恐怖的各种传闻，使蒋经国扮演居中角色相当受争议，以至据说杜勒斯面见小蒋时，曾不客气地当面质问他，听说“蒋将军处理安全问题上有点粗暴”。蒋经国原想模糊以对，但杜勒斯反复论述，指称可以不用太过强硬的方式也能做好统治的工作，遭到面斥的小蒋只能“发出无法听清楚的喃喃自语，示意听到了”。

虽然这次访美经历不甚愉快，但毕竟这是国民党迁台后核心人士正式访美的首例。因此蒋经国返台后不但大赞美国生活方式与政府民主运作，在文宣部队宣传下，蒋经国更被视为美台关系跃进的破冰人士。这一方面安定了台湾民心，另一方面也让蒋经国分量持续攀升。此后与美方情报单位的对口工作也逐渐由宋美龄移到了小蒋身上。

但是蒋经国的民粹作风以及对美国当局并不完全信赖的态度，让他与美国间始终维持紧张关系，甚至与蒋介石交情甚笃的前美国国务卿杜勒斯，还曾公开质疑蒋经国是“反美派可能的领袖”。CIA也搜集了不少对蒋经国不满的国民党将领的谈话，不乏有人认为情况万一危急，蒋经国可能“叛逃”，甚或把台湾交给共产党。

由于蒋经国逐渐露出接班态势，加上偏好苏维埃与民粹色彩的政治运动与宋美龄的美式作风差异甚大，与急于想在国民党外交政策发挥影响力的孔令侃、孔令伟兄妹间的摩擦持续发生，美国因素意外地在台湾政坛开始掀起波澜。

1954 年 9 月，蒋经国率领 145 位青年攀登玉山，于峰顶会师合影。
蒋经国担任“救国团”的首任主任。不同的政治势力纷纷指责小蒋此举实为设立青年里的秘密党部。为化解外界疑虑与降低批判，小蒋加强了文艺、登山、科学考察等营队活动，也满足了青年的休闲需要。小蒋通过文宣组织的作用，更在青年中博得极高的声望，他自己也亲身参与到各类活动中

20 世纪 50 年代，蒋经国坐船行驶于金门外海。
1949 年以后，国共仍持续在东南沿海爆发激烈的海空战事，最重要的有 1955 年的大陈岛战役以及 1958 年的金门炮战。两场战事中，蒋经国均站在国民党军的第一线

蒋经国乘小舟到马祖闽江口巡视防务。
抵台之后的蒋介石对“反攻大陆”念念不忘，从未停止过规划派遣部队协助作战。自 1955 年起，蒋介石展开更具体的反攻计划，初期锁定福建与广东登陆作战，研究以金、马为阵地，于厦门与福州两地登陆进行自主反攻。蒋经国责无旁贷，替父多次往返于台湾与马祖之间巡视

“华美协进会”服装义演案，陈香梅哭诉告状

从20世纪50年代开始，为抵御苏联在亚洲势力快速扩张，美国不再对东亚束手，将台美军事互动再度升级。尤其艾森豪威尔就任后，更改采“放蒋出笼”方式，不再限制国民党对中国大陆施加攻击，蒋介石因此派出国民党军队驻守金、马最前线与浙江沿海岛屿，冲突形势也因此升高。

浙江外海诸多岛屿成为国民党海陆渗透最前线，但因陆续进驻的部队繁多，号令不一致，曾被外界非议，蒋介石因此派遣胡宗南化名秦东昌，以“江浙人民反共游击总指挥”名义前往统筹，才使这批名为“大陈游击所”的部队稍具规模，并控制大陈、一江山等岛屿。

但当地形势复杂，解放军在从朝鲜撤军后，重点驻防东南沿海，声势惊人，加上孤岛零星驻军根本没办法获得美国认同，因此胡宗南不久就铩羽而归。解放军也从1954年开始全面进逼，逐一攻占大陈周边岛屿，国民党在当地的优势被消耗殆尽。同年发生的炮轰金门的九三炮战，让“血洗台湾”的说法不胫而走。

中国大陆一连串战争手段，固然有军事攻台的战略意义，但在相当程度上，也在测试蒋美军事盟邦紧密度，以及美国是否会介入台海之争、是否会主导“台湾独立”。

在军事压力下，美方持续派出部队进驻台湾周边，预防可能的战火蔓延，并密切监控、羁勒蒋介石的反攻大陆准备。至于陷入新一波恐慌的台湾民众，则因而对美国的动态特别敏感。尤其美国把台湾视作保护伞下的附庸，美军在台部队因此趾高气扬，更不乏有人在台湾上下其手，导致台湾民间逐渐酝酿出一股反弹气氛。

1955年，国民党驻军千余人的一江山失守，指挥官王生明引爆手榴弹自尽，大批驻军伤亡，国民党军舰“太平”号遭击沉，大陈岛面临失陷危机。

1954 年 8 月 10 日，蒋经国与驻守大陈的国民党部队合影。

蒋介石就大陈岛撤退发表了《告海内外同胞书》："我大陈军民，团结一致，共同生死，坚守该岛已有五年余，唯该岛孤悬于台湾基地有二百五十海里之外，以今日军事形势而言，其对我反攻基地台湾的防卫上，实已失去战略价值。故我政府经与美国协商后，决定将大陈之驻军重新部署，转移兵力，以增加我台澎及外围岛屿之防务……此次国军撤离大陈，在军事战略上自认为甚少遗憾，唯最为我政府关切者，就是大陈一万七千余民众……我政府对于此等不惜破家荡产，义无反顾之同胞……皆先于军队一律予以提前运送，并负责予以生活之安顿。此次我驻军及人民撤离大陈计划执行之时，美政府乃予我周到之协助与切实之掩护，殊是铭感……"然蒋美之间的政治落差展露无遗，台湾民间的反美情绪愈演愈烈

1955 年 2 月 8 日，大陈居民扶老携幼登上运输舰。
下大陈镇是大陈区的“小上海”，当时被夷为平地，余烬仍在燃烧。市街上完全失去了昔日的繁华，很多商店人去楼空，屋内杂货仍在，几家糖果店门上贴着条子：“战士们，我们要去台湾了，你们请随便吃糖吧！”民众有组织、有纪律地排队前往运输舰，扶老的、助小的，这些苦难的人在匆忙撤离家园的时候来不及携带更多家什，把惊愕和那些未尽的心愿都留在了曾经长久居住的土地上

1955 年 2 月 10 日，蒋经国在大陈岛上主持最后一次升旗典礼。
青天白日满地红旗最后一次在大陈岛上飘扬。旗下，蒋经国（左六）与他的同僚摄下了这一幕，时节已是隆冬。蒋经国说：“不要难过，不要失望，此刻我们要下决心打回来！”接着，他闷闷地领着其余随侍走遍了大陈街道，接着恋恋不舍地回到海边

▶ 蒋经国视察马祖前线防务。

蒋介石曾讲："如果说台湾是头颅，福建就是手足。"后来他把这个荣誉给了金门。厦门失守后，他曾严令汤恩伯："金门不能再失，必须就地督战，负责尽职，不能请辞易将。"金门岛原来确无永久性工事，但由于受到蒋介石垂注，10月初，开始大规模建设。材料不够，国民党军拆了寺庙、祠堂，包括民房，甚至用坟墓墓碑做碉堡。十几天之内，在古宁头到一点红之间宽达十公里的海岸线上，200多个碉堡耸立起来

金门炮战中国民党所使用的美式巨炮。

1958 年 8 月 23 日，解放军突然炮击金门，到 10 月 5 日短短 64 天时间里，解放军共向金门及其周边岛屿发射炮弹 45 万发。国民党军金门防卫司令部司令、陆军上将胡琏要求国民党军死守金门，美国海军予以护航，维持金门补给线。其后国民党军获得美国援助的八英寸口径榴弹炮，反击位于厦门的解放军。后来解放军放弃封锁，宣布改采“单打双不打”的方针，逐渐减少攻势，这种状态直到 1979 年方才结束

金门炮战期间，蒋经国（背对者）来到金门巡视，展现身先士卒的政治姿态。

作为蒋介石最放心的助手，蒋经国在金门炮战前后奉命视察金门，次数达 123 次之多。这里遍布了他的足迹，视察防务、鼓励士气，太武山内还建有他简单的起居室。1989 年，蒋经国逝世次年，金门修建了他的纪念馆。遗憾的是，蒋经国去世前，解除了台湾本岛的“戒严”，但金门仍是军事管制区

金门炮战中，国民党军发炮的情形。

战事持续至 9 月中旬，美军支援国民党军六门 203 口径的 M55 自行火炮，俗称八寸炮，由国民党军陆军第一军炮兵六〇七营接用。9 月 18 日和 21 日，国民党军启动“轰雷计划”，由美军和国民党军合作运送八寸炮前往金门。9 月 26 日，第一批三门 M55 首次投入战斗，摧毁围头地区炮阵地。9 月 29 日，第二批三门 M55 投入战斗，主要攻击大嶝及莲河炮阵地和工事。9 月 27 日，国民党军炮兵六〇七营第三梯次抢滩成功，金门增加六门 M2 牵引式八寸榴弹炮，至此金门国民党军共有 12 门八寸长程重炮

金门炮战期间，蒋经国亲临前线为中外记者说明战争进行情形。

金门战役后，国民党当局全力鼓吹此次战役的胜利。蒋介石对外宣称“是我们‘剿匪’以来，最彻底的一次胜利”；蒋经国在抵达金门后的当晚日记中写道：金门之战为年来“第一次大胜利”，是“反攻”的“转折点”

此举导致台湾民情激愤，蒋经国因此发起“捐款献舰”等活动，号称要献舰复仇，鼓动台湾青年热情参与。没想到此时美国却要求蒋介石自大陈撤军以避免冲突，同时声明防御条约适用范围不及台、澎、金、马之外的沿海岛屿，表明美方无意协防外岛，一时蒋美间因出现极大政策落差而僵持，台湾民间反美情绪则愈演愈烈。

百般无奈下，2月间，蒋经国沮丧地亲自前往大陈，配合美国规划执行“金刚计划”，通过第七舰队把大陈军民撤回台湾，大陈因此被拱手让人。蒋经国为安定民心，在大陈前线一连停留多日，以蒋介石之子身份坐镇，确保军民相信国民党不会临阵落跑，一直到护送舰队抵达才搭舰离去。但国民党对大陈束手无策，也意外证实反攻规划不过是场春梦，“反攻无望论”的低迷气氛开始在台湾蔓延。

刚好就在这个时刻，美国飞虎队队长陈纳德的夫人陈香梅打着宋美龄的名义，由“华美协进会”出面，在台北仁爱路空军总部大礼堂，宣称为一江山事件遗眷举行“古今服装义演”募款，并介绍美国最新流行的洋装，却导致了擦枪走火的意外。

这算是台湾第一场西式服装走秀，陈香梅与宋美龄更是众人皆知的亲美人士，当晚美国驻台“大使”蓝钦伉俪与各国使节均应邀出席，场面相当盛大。只是在“国难”当头时打着名流义演名义，大走流行奢华之风，加上活动背后的美国影子，自然迅速成为箭靶。

当时蒋经国还停留大陈未归，但被外界视为小蒋亲信、军友社总干事的江海东在义演现场穿着少将军装，开着两辆广播车，动员六七百名军人在空总门口抗议，高举“我们中国人拿中国女孩子的大腿去慰劳美国洋鬼子？”的布条，使义演无法开锣，争议迅速扩大。

义演第一场是“贵妃醉酒装”，但江海东威胁参与义演的武旦戴绮霞不准上台，并禁止其他表演服装送进会场。由于有军人闹场，主办单位通报后，宋美龄急电蒋纬国就近处理。蒋纬国前往拘捕江海东并送警备总部，其他闹场军人一哄而散，才结束这场闹剧。

陈香梅事后立即赴士林官邸向蒋介石哭诉，认为驻外使节等贵宾遭侮辱，兹事体大。蒋介石知情后，随即将江海东下狱，扣押在保安司令部。不过据蒋纬国回忆，后来江海东审判还没结案就被蒋经国放了出来，前后不过几个月时间。蒋介石不久还在国民党内主导通过厉行战时生活提案，被视作对蒋经国的支持。

刘自然案，台湾“戒严”时期罕见的反美流血暴动

陈案余波未平，一场更激烈的反美冲突，即将因为1957年发生在台北阳明山上美军宿舍的命案，而达到不可收拾的局面。1957年3月20日晚，“革命实践研究院”少校学员刘自然参加朋友婚宴后返家途中，于阳明山美军宿舍被枪杀身亡。台湾警方欲逮捕凶嫌、“驻台”美军顾问团上士罗伯特•雷诺（R. G. Reynolds），却因美军具有“外交”豁免权而遭阻拦。调查后，案情直指命案起因为美军福利社黑市买卖分赃纠纷，但“驻台”美军军事法庭却以“杀人罪嫌证据不足”为由，宣判雷诺无罪释放，并随即将雷诺转送菲律宾。

由于不满美国将罪证确凿的美籍凶手借“外交”豁免权送到境外避难，台湾舆论一时哗然。大批民众随同刘自然遗孀奥特华于5月24日到台北的美国“大使馆”门前抗议，绝食静坐，引发了台湾“戒严”时期罕见的反美流血暴动。

大批民众丢掷石头攻击美国“大使馆”，高喊“杀人偿命”“打倒帝国主义”，人数一度激增到6000多，美方虽急电台湾军方要求保护，台湾军方却称类似命令须由领导人下达。台湾省警务处处长乐干现场未采取进一步行动，仅在场监看。

当时台湾“外交部”部长叶公超急电人在“救国团”的蒋经国。深谙群众心理的蒋经国认为，“使馆”如被捣毁，只要拿出实质赔偿即可，但对群众开枪则万万不可，因此根本未做积极响应，仅指示不得对群众动用武力。

是以在台湾军警消极未干预情况下，群众随即冲入“使馆”，撕下美国国旗，拉倒旗杆，跟着砸毁内部大小汽车、家具，并烧毁文件，殴打“使馆”人员；美国新闻处随后也被人砸毁。叶公超晚间前往劝阻时也遭群众石块攻击。

形势失控，惊动了在日月潭涵碧楼度假的蒋介石，他随即赶赴士林官邸坐镇善后；美国驻台“大使”蓝钦原本在香港公出，也随即返台。台北卫戍司令部于下午 5 点 40 分宣布台北市及阳明山进入“戒严”状态，晚上实施宵禁，但仍无法遏止抗议怒火，抗议甚至演变成群众围攻捣毁台北市警察局的状况，直到晚间 9 点才将群众驱散，总计 3 人死亡、38 人受伤，逮捕 111 人。

为弭平美方震怒，蒋介石立即将“卫戍司令”黄珍吾、“宪兵司令”刘炜、“警备处长”乐干撤职，“行政院”院长俞鸿钧也宣布总辞职。叶公超除向美致歉，还同意赔偿一切损失。

1960 年，美国总统艾森豪威尔来台湾访问三天，蒋经国与黄杰身穿中装前往松山机场迎接。美苏冷战时期，台湾是美国在远东防堵共产势力的一座堡垒，美国政府将物资和军队输往台湾，使蒋介石无后顾之忧。1960 年台湾同时发生雷震案，雷震组党失败，推迟了台湾民主化的进程。此一时期美国政府为与蒋介石表示友好，并未对蒋钳制台湾民主而表示不满在美国强烈质疑下，蒋经国虽辩解冲突是民众对不公正判决的非理性反应，但据称现场出现蒋经国亲信潘振球任校长的成功中学近 50 名学生有组织地排队前往抗议，加上“大使馆”出现保险箱被撬开、机密文件失散等情治单位介入等问题，隔日上午 6 点，美军顾问团即致电美国国防部，表示有证据显示整起事件是“早有预谋的安排”。

由于事态严重，艾森豪威尔出面表达不相信这次抗议是非组织行动，蓝钦更立即向台湾“外交部”提出“强烈抗议”。美方甚至质疑，1957 年前后，蒋介石多次主张通过秘密游击队反攻大陆，却遭美方严禁，因此小蒋是在借群众运动给美国来个下马威。

为了给美国交代，蒋介石被迫在士林官邸接见美方代表并致歉，并直指此事为现代“义和团事件”。他随后发表《告全台同胞书》，斥责治安人员疏于防范，临事未当机立断，演变为暴动后仍犹豫不决。其后美方仍派出总统特别助理李察志赴台兴师问罪，更当着老蒋的面直指蒋经国扮演“积极”角色。许多党国大佬也对蒋经国十分不满，导致蒋经国被迫卸下“国家安全会议”副秘书长职务，连续多年不在媒体前曝光，等待时过境迁，好让美国淡忘这场纷争。

第九卷　迈向层峰

- 勘垦山林。蒋经国选择退伍老兵的安置与生计问题，作为政坛与形象转变的叩门砖

- “蒋经国是台湾各方面的决策者，他唯一的顶头上司是他的父亲”

- 数度策划反攻大陆均遭美方否定内幕

- 儿女成了头痛问题。蒋孝文佩枪误击卫士。爱女蒋孝章爱上离婚男士

▶ 蒋家王朝的三个核心人物：蒋介石、宋美龄和蒋经国。
这是蒋经国邀请父亲与宋美龄视察中横公路时的情景。去台之后，蒋经国手握实权，但对蒋介石和宋美龄依然保持表面上的恭敬。对于宋美龄这个继母，蒋经国的孝子之心自然更是醉翁之意不在酒，宋在国民党元老里的威信还是“太子”执政时需要倚重的

在台湾的日子里，小蒋作为父亲的得力助手，陪着父亲四处巡游。

蒋氏父子在历经大风大浪后，体味难得的父子独处时光。蒋经国小时候，一次收到父亲的来信："我近来天天骑马，而且骑得很高兴。将来我回家时候，必定给你买一匹小马，教你骑马，我自己买一匹大马，同你骑了游行就是了。"时年今日，也许并无机会再骑马，但难得此刻共享父子情

1965 年 1 月，中横公路。

重回这段为他奠定支持基础的工程，蒋经国笑容满面，选择坐在一棵大树下照相，以此来纪念自己的这段岁月

蒋介石的爱犬名叫“白朗”，白浪、白郎、佩狼、佩郎，都是同一只爱犬，只是蒋介石写日记时将它混称而已。关于蒋爱犬的名称，除蒋家人和贴身侍从人员外，外界一无所悉。在蒋介石晚年的影像中，不乏与爱犬如影随形的画面。蒋介石与爱犬的互动，呈现其人性化的一面。爱犬反抗不听话，或是不守规矩乱便溺，就会受到处罚——不给食、关门外，但更多的是蒋介石抚抱爱犬，甚至让爱犬坐轿的画面

蒋经国试穿飞行装备。

20 世纪 50 年代，台湾空军接收美制 F-86“军刀”战斗机，蒋经国试穿飞行装备。蒋经国给人精力充沛、动静自如的印象。作为“太子”的他，具有两极化的性格——一边是城府深沉，熟谙政治门道，甚至冷酷无情；一边却又时而挥洒天真浪漫的性情，不摆架子，笑容亲切。他不像父亲蒋介石那样常以一种严峻冰冷的气质示人，也因此比蒋介石更添一股神秘感

蒋方良带着女儿参加应酬，摄于 1950 年。
蒋方良带着落落大方的蒋孝章，将其介绍给在座的苏籍友人。两个夹着香烟的妇女微笑地端详着美丽的蒋家千金。蒋孝章圆圆的面庞和一双浓眉大眼，都遗传自母亲的俄罗斯血统。她显赫的身世、出众的容貌和不凡的气质，引得诸事都受到外界瞩目

蒋方良带着幺儿孝勇为三军托儿所剪彩，摄于 1954 年。

蒋经国在赣南期间秉承母志，开办育幼院、敬老院，发展济贫等慈善事业，夫人蒋方良都出面悉心指导。她对儿童教育表现出浓厚的兴趣，寄予热情与期盼。工作时，她态度随和，凡有活动大多参加，也很亲近下属，常和科长、秘书的太太一起吃饭。此腔热情，从大陆带到台湾。赴台初期，蒋方良担任妇联会分会主任委员，率领军官太太一起缝制军服，每逢年节出外劳军，并筹设三军托儿所。开办三军托儿所，使她真正投身儿童教育，在作为经国太太的同时，有了一份自己的事业。她喜欢做菜，会包饺子及做各类中式小点心，时常挖空心思，帮托儿所的小朋友安排菜色。“我想，这可能是她一生最快乐的一段日子”，一位蒋家子女表示，直到现在，还常怀念三军托儿所在母亲督导下所做的江浙菜

20 世纪 50 年代，孝文自美归国，与母亲合影。

虽然蒋孝文伤透了蒋经国的脑筋，但他却一直是父母最心爱的孩子，因为他生于苏联，陪父母度过了最为艰难困苦的时光，成为他们聊以慰藉的精神寄托。蒋孝文逐渐长大，出落成高大英俊的帅小伙，弥补了父亲对自身外貌不满的缺憾。蒋经国费尽心思安排蒋孝文到美国加州大学伯克利分校学习工商管理，但他的留学生活并不像一般中国留学生那样需要打工赚钱，而是手拿几千美元在外逍遥自在，可见父母对他的溺爱

士林官邸里生活的蒋孝文，一副公子哥做派。手戴名表、宝石戒指，拿着相机，这似乎是他少年时候的爱好。对于一般家庭的孩子来说，这样的西式玩意儿恐怕很难见到

蒋介石、蒋孝武、蒋经国在苏花公路旁留影

蒋介石与公子纬国及两个小孙子的合影。

蒋介石晚年的一大乐趣，就是和家人四处游览，享受悠哉的生活。看着他们脸上自然流露的开心笑容，想必又度过了美好的一天

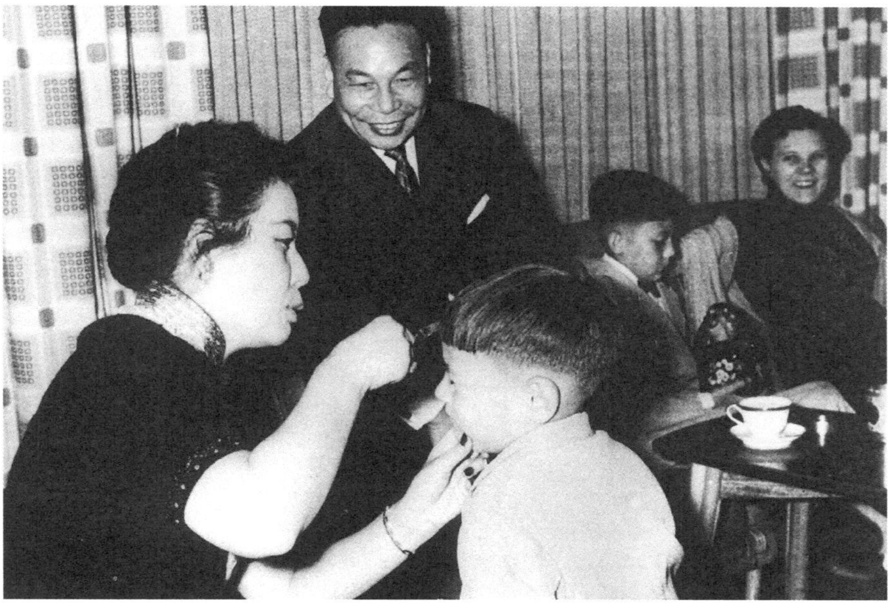

宋美龄给小孙子蒋孝勇做造型，摄于 1950 年。
宋美龄最疼爱小孙子孝勇，因为他乖巧可人，懂得讨人欢心。宋美龄看孙儿头发太长，拿来剪刀帮他剪掉，口中还不忘叮咛几句。站在一旁的继子蒋经国，看到此情景，觉得有趣又有爱，远处坐着的蒋方良也满脸笑容

1960 年前后，父母和宝贝女儿在一起。
女儿在父母身边，明媚动人。尽管此时的她已违父命与俞扬和牵手终生，但回到父母身边，仍然娇羞腼腆

蒋家合影。
蒋公端坐正中，后排从左至右依次是夫人宋美龄、长孙蒋孝文、儿媳蒋方良、长子蒋经国和孙女蒋孝章。两个好动的小孙子蒋孝武（前左）与蒋孝勇（前右）此刻也乖乖地站在爷爷两旁，暂时收敛了淘气与顽皮

1960 年，祖母宋美龄逗弄孙女蒋孝章，孝章低眉浅笑，流露娇羞的神情。
左侧的母亲蒋方良，看着已长大成人的美丽公主，甜美而可人。蒋孝章是蒋家孙辈中唯一的女子，不仅因混血而眉目俊俏，留学美国的经历也培养出开放的西化思维。在异国他乡，孝章与已有过婚姻的俞扬和坠入情网，使得父亲大为光火，甚至没有参加宝贝女儿的婚礼。不过蒋俞二人的生活和和美美，最终得到蒋经国夫妇的接纳

1951 年，孝勇三岁了！
孝文和孝章已经长大，懂事地站在一旁陪着父母和年幼的弟弟们。蒋经国亲昵地喂夫人一大口蛋糕，孝武迫不及待地拿起切刀自顾自地品尝起来。这是多么和谐而有趣的一幕，一家老小，其乐融融

20 世纪 50 年代后期的全家福。
蒋经国携夫人和“文、章、武、勇”四子，衣着正式，精心打扮，留下了这帧影像

第九卷

迈向层峰

勘垦山林
蒋经国选择退伍老兵的安置与生计问题
作为政坛与形象转变的叩门砖

蒋经国于 1956 年到退除役官兵就业辅导委员会（简称退辅会）任职，先任副主委并兼主委职务，来年正式接替严家淦职务，改任主委。这是蒋经国首度实际接触民众的政务单位，更是可以通过苦干形象，奠定坚实的基层基础的好机会。蒋经国没有错过这个机会，他选择了退伍老兵的安置与生计问题，作为政坛与形象转变的叩门砖。

国民党此时迁台已近 10 年，50 万跟着老蒋渡海却又眼见反攻无望、无家可归的无眷官兵陆续退伍，如何安置这批无战力却又欠缺社会谋生能力的胡子兵成了大问题。没想到蒋经国通过个人影响力，先是发动官兵退除役，紧接着动员这批青壮人力投入大型公共建设，解决退伍后工作问题，同时为加速台湾基础建设，做出一番成绩。在崇山峻岭中与天争地的中横公路便是蒋经国的代表作。

横亘在台湾中心的中央山脉，把台湾分割成东西两部，以致山区与东部地区发展迟缓。日据时代为了开辟新疆域与山区道路，官兵更屡次与台

1954 年，蒋经国随侍在蒋介石身旁。
军人出身的蒋介石，坐姿挺拔。蒋经国个子虽不高，但肩膀宽阔，胸膛厚实。这位曾经的前卫青年，在压力之下发表公开信谴责父亲是“中国的叛徒”。直到 27 岁才得以返回中国的“太子”，在蒋介石的着意培养下，已渐成为父亲的左右手

湾当地居民爆发激烈的流血冲突。台湾地狭人稠、腹地有限，加上大陆进逼压力，如何快速迁移本岛部队应变，成为蒋介石考虑的重要问题，因此兴辟足以通行大型车辆的横贯公路成为不容延缓的事。国民政府迁台后，早在1951年，台湾当局就多次入山探勘，决定以日据时期合欢越岭道路为基础，开展起码要符合军援军用需求的辟路工程。1954年，蒋梦麟执掌的“农复会”（“中国农村复兴联合委员会”的简称）也希望于中央山脉高山地带发展温带农业，但因为工程浩大，加上经费与测量需求等问题，迟迟没有下文，直到1956年获得美援后才正式动工。

全程约348.1公里的中横全线都兴辟在断崖深谷间，初期连测量地图都只能用日据时代军用地图应急，光行道就格外惊险，遑论开路？为达使命，蒋经国先后两次在深山中探勘预定路线，长达19天。他拿手杖，在渺无人烟的丛林里翻山越岭，跟着工作人员同寝共食，走出原始山路，并裁示放弃开辟较危险的中路计划，为整个中横风貌定型。

当时台湾工程技术落后，机具不足，只有陆军开山机、雷管堪用，加上山势险峻，只能动用近万人投入工程，顶着台风、地震、暴雨等天灾威胁，以原始手工方法开凿，或不断以四五十公尺长的绳子，把人从山顶垂吊在悬崖上装填炸药、爆炸开路，再用人力以铁锹开道，除石辟路，以致殉难员工高达211人。

美国顾问原本评估光是在大理石山体打通隧道，起码要三年时间，但在蒋经国号召下，施工单位硬调出1000人，编25人为一队，规定一天50公尺，各队同时开工，不到一年就打通了隧道。靠着这股人定胜天的精神，施工方于1960年5月7日迅速打通呈十字形、横断中央山脉的中横公路，前后仅用了短短的3年9个月又18天。

修筑工程中，蒋经国来回视察大小工地21次，在恶劣环境中，与这批备退役部队建立起深厚的情谊。他不但完成了解决大批退役官兵生计这个“只许成功不许失败”的任务，更强调要用一切的力量照顾这些半生戎马却又无家可归的军人。通过文宣系统，蒋经国高度赞扬与称许这批退役官兵的贡献；他不但创造了“荣民”这个敬称，更不断宣传荣民的毅力与克难精神。这批与蒋经国上山下海的老兵，也成为蒋经国毕生最忠贞的支持群众。

中横通车后，没有在军事上展现必要性，反而大幅改变了经济生态，拉近了台湾全岛的距离。退辅会也趁着中横通车的机会，沿线兴辟多处专供退役官兵耕作的高山农场，植栽出高经济价值作物，让这批完成修路工程的退役部队中的大部分人都能转而务农营生。另一部分则是留在工程单位——也就是“荣民工程处”，持续强化各地重大基础建设。

由于两岸仍在互不往来的隔绝状态，为了无法归乡埋骨的荣民，蒋经国再度运用美援，成立荣民就诊免费、优惠的荣民总医院与各县、市荣民医院；在台湾各地成立荣民之家，供年长无依的荣民入住，虽然住宅条件不会太好，但还是以克难方式解决了荣民老年赡养问题。

直到蒋经国逝世，退辅会安置荣民总数超过35万人。当时荣民待遇及社会福利条件虽然改善，但还是相对偏低，更跟不上台湾日渐勃兴的经济条件。不过蒋经国以带人先带心的方式，多次宣示“只要我有一口饭吃，也会让荣民兄弟先吃”；他在晚年亦多次因此驳回以自由经济为轴心的多项政策，坚持照顾荣民生计。

至于这批原本人迹罕至的农场，因为宜人气候与田野环境，迅速盖起许多兼顾视察与休憩双重功能的贵宾楼，成为蒋介石消磨时间最爱的休憩地点。蒋经国因长期忙于公务，身体不佳，长期失眠，老蒋多次命令他下乡，在这些山间农场休养、休假。蒋经国也相当热衷在高山农场招待所入住，主要是借此视察农场、林场、水库、山区道路等运作情形，并了解大批退除役官兵生活。他刻意树立亲民爱民、俭约朴实形象，因此在衣、食、住、行标准上都与蒋介石大相径庭。如服装大多是凉爽透气、可少开空调的简单夹克或中山装；饮食不同于老蒋坚持品尝黄泥螺、腌笋等江浙口味，

20 世纪 50 年代，头戴斗笠的蒋经国巡视中部横贯公路（即中横公路）的施工情形，休息时露出愉悦的笑容。

中横公路西起台中县丰原镇，东到花莲太鲁阁，沿途峭壁参天，景色威壮。开拓这条公路具有一定的难度，开路工人是所谓的“荣民”，即战火后退役的老兵。蒋经国在 1956 年担任退辅会主委，将荣民安插到台湾各地从事重大工程，中横公路就是其中的代表作。中横公路从 1956 年开始兴建，四年后完成。在苏联干过苦力、深知基层劳动者之苦的蒋经国多次前往中横公路，为修路弟兄打气

1958 年，蒋经国探勘横贯公路时自己生火炊饭。

在苏联长年生活的经历使得他习惯于自己料理生活。对于走进台湾深山的体验，他曾写道：“进入山的深处，没有人烟，只有鸟啼兽迹，前人没有给我们留下足迹，只有对准方向，往高处爬，越过高山，又降到谷底，再爬高，再前进，我们和刺骨的寒风搏斗，无惧于毒蛇与蜂螫的困扰，披荆斩棘。”

1958 年，蒋经国率队探勘台湾中部横贯公路路线，图中的他正乘坐吊篮通过山谷。
台湾多高山，横亘在台湾中心的中央山脉纵贯南北，具有丰富的矿产、水利和旅游资源，但同时导致东部地区发展迟缓。20 世纪 50 年代末，蒋经国领导退辅会（“行政院国军退除役官兵辅导委员会”），召募退伍军人和当地居民，并且动用工兵，费了四年时间辟了东西横贯公路（又叫中部横贯公路，即中横公路）。这条公路至今已近半世纪，几度翻修，是台湾著名的旅游胜地。

在中横公路修筑进程中，蒋经国来回视察大小工地 21 次。在极为恶劣的环境中，蒋经国与这批退役部队的士兵建立起深厚的情谊，不但圆满解决了大批退役官兵生计这个“只许成功不许失败”的任务，更强调要用一切力量照顾这批半生戎马却又老无所依的军人。蒋经国不但创造了“荣民”这个敬称，更不断宣传荣民的毅力、克难精神，日后这些老兵成了为蒋经国上山下海、忠贞不二的支持者。图为其与筑路荣民共餐蒋经国巡视到哪儿就吃到哪儿；房舍更注重便利、隐秘，表现出强烈的平民化习惯。

“蒋经国是台湾各方面的决策者，他唯一的顶头上司是他的父亲”

蒋经国自1956年赴退辅会任职开始，一直到1964年内阁因陈诚重病而改组，严家淦接手后即提名蒋经国出任政务委员兼“防务部”副部长，小蒋才辞卸了退辅会主委职务。之后又在俞大猷的成全下，来年即就职为“防务部长”。

即使蒋经国以配合美国推动主官任期制为由，离开中枢改到退辅会任职，连美国人都承认，无论什么职衔，“蒋经国是台湾各方面的决策者，他唯一的顶头上司是他的父亲”。据说当时蒋介石批公文甚至都会照转一份给蒋经国参阅，只是要小蒋不签名，以免惹人注目，政坛更俨然有股“大小各职动静进退均需蒋经国点头认可”的气氛。

特别是情报单位统筹的大权也依旧掌握在蒋经国手上。事实上，自从他赴台掌控情治大权后，渗透大陆敌后工作、实施气球空投文宣、广播心战喊话，乃至于西南地区、中缅边境的国民党游击队等相关业务，都归小蒋全权负责。只是在大陆的严密防范下，这些地下攻势的成效不彰，反而许多间谍人员逐一被捕。在1957年一次谈话中连蒋经国都承认，被捕地下工作人员或突击队员已高达数百人。

蒋经国从20世纪50年代开始，就掌握了与美国的情报合作。包括美国国家安全局从朝鲜战争后在台北设置无线电侦听站，甚或对潜伏大陆突击人员的训练、武装，都是由蒋经国掌控的特战中心直接与美国配合。1959年台湾成立的“中华航空公司”，正是由小蒋指示衣复恩、为配合CIA协助美国在越南秘密敌后工作而设的。

密切合作，同时不断赞扬美国的民主与生活方式，让蒋经国表面上看起来似乎是美国可依靠的重要盟友，但美国并没有完全对小蒋放心，尤其多次反美群众行动背后往往都可看到蒋经国的影子，因此美方更需要搜集确切数据，判定小蒋是否如外界质疑是苏联的代理人或同情者。派遣到台北任职的中情局台北站长克莱恩因此就担负起这项重要任务。

根据克莱恩的说法，他原先认为蒋经国不过是“小号独裁者”，但蒋经国好客的习惯与热情，乃至于谦逊风度，让他的印象迅速改观，双方互动渐深。克莱恩公务车可自由进出长安寓所，蒋经国甚至要他的儿子把克莱恩当作叔叔，双方互动越加亲密。

蒋经国也知道，与美方接触是各取所需。他对此心照不宣，除主动邀请克莱恩妻子担任他的英文家教外，甚至还逐渐把私谊甚笃的克莱恩提升到台美沟通秘密渠道。金门炮战期间，蒋经国把全部过程等信息提供给克莱恩，以便他向华盛顿汇报。小蒋还把日记《我在苏联的日子》交给克莱恩妻子翻译，技巧性地让美方了解他的立场。

克莱恩在回忆录中还披露，当时美方也高度关注蒋经国这位可能的接班人的健康问题。小蒋自 20 世纪 50 年代中期就已出现糖尿病症状，治疗糖尿病的胰岛素又很难在台湾取得，因此克莱恩的重要任务之一就是提供足够的胰岛素供蒋经国注射。

通过克莱恩的牵线，蒋经国单线掌控了台湾与美国间机密的情报工作与高层互动，其间更是委由衣复恩负责空军三十三、三十四（蝙蝠中队）、三十五（黑猫中队）的工作。1960 年，黑猫中队以美方提供 U2 高空侦察机、台湾提供飞行员与场地的合作方式，通过八万英尺高空拍摄，发现多处核武基地与战备物资。这项重大的台美情报合作与信息分享计划，直接跳过台湾的“防务部”部长与“参谋总长”层级，径向蒋经国报告，并直接与肯尼迪指派的美方窗口克莱恩联系。

数度策划反攻大陆均遭美方否定内幕

20世纪60年代开始，蒋经国与美国间秘密联系的重要项目，就是蒋介石最后一搏的反攻大计。其实早在朝鲜战争爆发后，蒋介石即规划派遣部队协助作战，却被杜鲁门多次驳回。1955年，蒋介石展开更具体的反攻计划，初期锁定福建与广东登陆作战。之后更由陈诚督导中兴计划室，自1957年开始，研究以金、马为阵地，于厦门与福州两地登陆进行自主反攻。美方对于此方案依旧认为太过冒险，杜勒斯还对叶公超抱怨，在美国不支持的情况下反攻只是自杀行为，老蒋却年复一年地侈谈，不但是“骗人”，更会让民众失去信心。

台湾此时已与美方签订共同防御条约，规定台海任何军事行动须双方达成一致意见方能发动。蒋介石已不愿再等待，决定先由国民党军登陆并发展根据地，再迫使美国参战。除了东南登陆战外，蒋介石也希望借着滇缅游击武力同步夹攻。1960年年初，老蒋先是派蒋经国在政工干校成立战地政务班，培训登陆后的干部，更要求小蒋规划突袭方案。

通过战地政务委员会的成立，蒋经国评估反攻的准备工作已接近完成阶段。1961年4月，小蒋背着美国，成立了以自主反攻为主轴的“国光计划”。但为了掩护这个秘密计划，蒋介石还提出台美联合反攻的“巨光计划”，成立联战演习计划作业室，以美军正统两栖登陆方式为主轴，号称所有数据与讨论完全对美军公开，试探美方动向。

1962年，蒋介石分析中国大陆形势不稳，认为这是最有可能放手一搏的时刻。他在元旦文告上重申“今年”将反攻大陆，并通过蒋经国的CIA渠道洽询，与肯尼迪商谈最后全盘规划的时机是否成熟。但他也私下强调，“等到美国人同意我们反攻，这是不可能的”，不过如果能诱发炮战，就能展开空军反制与登陆作战，到时“我反攻，是我们实行主权”。

美方在台顾问团发现台湾军队空降团未依年度计划演训，国民党又在没有美军顾问出席情况下自行召开军事会议，研商军事反攻事宜，加上国民党针对各项税收与公用事业费开征附加的税款总金额高达20亿新台币，并延长役期，种种迹象引发美方高度关切，公开质疑老蒋违反美方同意才能反攻的协议。

在这样的形势下，肯尼迪通过布莱恩，向蒋经国转达愿提供两架C-123运输机及开始小规模试探行动，同意空投数量也提高到200人，等于美方首度同意有保留地反攻。但蒋介石立场趋硬，先称5月23日是最佳时机，继而只愿意推迟到10月1日发动。对岸的解放军在了解情况后，也开始在福建沿海集结重兵。

1962年7月，诺曼底登陆战役中的美国舰队司令柯克（Alan G. Kirk）受肯尼迪指派接任驻台“大使”，丝毫不留情面地坚持美方没有义务支持台湾反攻计划，直斥蒋介石不该把美国协防台湾的义务当作空头支票，此举将造成台、美是战争侵略者的印象，严重影响区域稳定。这让蒋介石勃然大怒，从此不愿再接见柯克，仍沿用既有的军方与CIA渠道直达华府。

面对美国的反对，蒋介石再度派出蒋经国赴美游说，这时的小蒋已是国民党政府的“防务部”部长。临行前，他提出国民党停止反攻计划18个

1963年，蒋经国以台湾政坛明日之星的身份访问美国，与美国总统肯尼迪会谈。
美方丝毫不留情面地拒绝了蒋介石父子的求助。而这张照片拍摄后不久，肯尼迪总统即遇刺身亡

月，以换取美方支持大股地下渗透的行动。此举未能改变美方态度，美方甚至质疑蒋经国所提的大陆不安区域增加，民众将起身支持国民党反攻。其后肯尼迪总统还当面质问小蒋，先前台湾多次突击计划的实施状况是否符合国民党的预测。

蒋经国只能无奈地承认，敌后突击队伤亡率高达35%，加上无法响应国民党在中国大陆还有多少可靠的潜伏情报员与情资掌握，肯尼迪迅速以美国不愿再发生一次古巴登陆危机的失败经验为由，打了回票。之后美方“驻台”机构开始秘密监控国民党部队，担心蒋介石自行出兵。

台美合作的U2高空侦察机拍回的画面显示，中共研发原子弹成功只是时间问题。在克莱恩协助下，蒋经国访美时曾向肯尼迪提出由台湾出动约300名队员的特战部队，空降包头等关键军事及工业基地，摧毁核设施，协助美方削弱中共军事力量的构想。双方亦曾展开后续协商与接触，蒋介石也在正式文告中提及摧毁大陆原子弹设施的必要性，但因肯尼迪遇刺，约翰逊继任，才终止了这项大胆的台美秘密行动计划。

之后随着越战爆发，蒋介石希望通过国民党协助越战为由，为反攻计划找出突破点。1965年蒋经国再度访美，向约翰逊提出台湾出动精锐快速反应部队，进攻广东、广西、云南、贵州、四川五个省份，切断中国共产党对东南亚的影响力，配合美国推展越战、围堵解放军势力、突破中南半岛的“起义大西南”构想，但是从约翰逊到国防部官员，都认为国民党的构想并不具可行性，因此以相关情报不确为由拒绝。

1965年8月，蒋介石跳过“驻台使节”渠道，直接邀请克莱恩来台沟通反攻事宜，在约翰逊指示可代为传话前提下，官拜中情局副局长的克莱恩与蒋介石、宋美龄、蒋经国在草山行馆会面，蒋介石再度提出借越战升高机会，从广东或福建开展反攻计划。蒋介石也强调，中共试爆原子弹冲击太大，“只要三颗，一颗用在台北，一颗用在左高地区，一颗用在公馆机场，就可以毁灭台湾”，到时第七舰队要来保卫台湾也来不及，因此反攻连半年也等不了。

克莱恩虽同意向美国政府转达具体方案，但没有任何正面响应。未料双方密会后几天，就在广东、福建交界海岸，两艘接送陆军总部特种作战队员到汕头外海东山岛实施侦察与袭扰的台湾军舰，出高雄外海后即遭中国大陆雷达掌握，在8月6日遭到炮艇伏击，两艘主力战舰被击沉，即著名的“八六海战”。基于自主反攻计划已完全暴露，同时海战彻底失败，国民党终于认清现实，逐渐取消自主反攻念头，整体战略改为美方劝说的“待机反攻”。

1969年，蒋经国提出反攻计划必须“七分政治，三分军事”的说法，必须先建设台湾复兴基地，再策动革命，军事反攻已不再成为具体的政策选项。

儿女成了头痛问题
蒋孝文佩枪误击卫士
爱女蒋孝章爱上离婚男士

蒋经国晚年虽以苦干实干闻名，但年轻时期的他无论赴台前还是赴台后，各类绯闻不断，加上执掌情治单位的神秘形象，也成为政坛私下议论的话题。台湾政界就曾传言，许多公家单位较为隐秘的招待所，都是蒋经国消磨夜间时光（跳舞、饮酒），或是偷得浮生半日闲的私密去处。蒋经国甚至还会私下与遭软禁的少帅一同吃宵夜，常有美女相伴。蒋经国重要幕僚蒋彦士，据说也与蒋经国气味相投，因此交情甚笃。不过蒋经国行事作风隐秘，强调不惹人注目，消息一经走漏就立刻更换据点，其个人作风深奥难测。

至于深居简出的蒋方良，无从干预蒋经国的公私生活，因此把宠爱心情放到蒋孝文等四个孩子身上。当时连克莱恩都说，蒋方良“像一位典型的美国母亲般宠爱与纵容儿子”。

由于蒋孝文不时惹祸，不爱读书，还曾发生把家中吉普车开出去闯祸的事，脾气暴躁的蒋经国动辄气到敲桌子，甚至家法伺候，蒋方良总是从中拦下，两人不时发生口角。坚信不打不成器的蒋经国从没放弃这种管教方式。据蒋孝勇回忆，由于蒋经国笃信“棒头底下出孝子”，蒋方良除了阻拦蒋经国下重手，甚至会喊“你要把孩子打死了”。

由于蒋经国夫妇对儿子的管教出了问题，加上有心人士钻营、奉承，问题愈加严重。蒋孝文有把蒋介石亲赐的佩枪，因此惹了不少乱子。有次蒋孝文在家把玩枪时误击侍卫，差点让人丢了性命，搞出极大风波。

蒋经国特别指派部属汇报蒋孝文每天行止，包括在哪里吃饭、和哪些人接触，却仍不得其解。后来他把蒋孝文送进陆军官校，蒋孝文竟跑去找王升传话，说他这个人不适合当军人。结果只听到“啪”的一声，蒋经国因为儿子不听话当场怒不可遏，痛拍了办公桌。

蒋孝文 25 岁迎娶徐锡麟孙女徐乃锦入门，让蒋经国相当欣慰，但是年轻英俊的蒋孝文并没有改掉酗酒习惯，还不时传出在街头、酒店闹事的新闻，直到他出外留学，相关争议才少了下来。

至于蒋孝武与蒋孝勇，虽然年龄较小，但成长过程中也是风波不断。为栽培子孙，蒋介石曾要秦孝仪教孙子读《论语》，蒋经国甚至曾敦请林语堂、方东美等大师担任家教，但两个儿子的举止依旧无从掌控。蒋经国甚至曾提早把个性冲动的蒋孝武送去部队接受预官训练，也无济于事。孝武还碰巧与章孝严分在同一个连。

蒋经国最心爱的女儿蒋孝章的婚姻则是他的另一个难题。原来，当时蒋孝章远渡重洋到美国念大学，蒋经国拜托“防务部”部长俞大维在美国的儿子、曾在空军服役的俞扬和就近照顾。没想到蒋孝章爱上了离过婚的俞扬和。蒋经国闻讯震怒，甚至派出衣复恩等亲信赴美拦阻，却无济于事。

据陶涵所著《蒋经国传》，蒋经国在台北听到蒋孝章打算在美结婚，“气得把饭桌都掀了”，结果蒋家最后也只有蒋方良前往参加婚礼。

故事当事人则坚称，俞扬和当时还特地赶回台湾，在圆山饭店向蒋经国求亲并获得接纳，因此两人的婚姻在“婚前都获双方家长同意，绝无不可告人之隐秘”。但据说最后还是蒋方良把宋美龄请出来，写了封英文信给蒋经国，对他多加劝喻，才让蒋经国接受现实。蒋经国部属也多指称，蒋孝章婚姻风波是蒋经国最痛心的事之一。

在个人健康问题上，蒋经国也收到警讯。由于生活与饮食习惯不利于病情控制，加上他仍每天过度工作，不时前往基层与军队巡视，1968 年 9 月间，小蒋一度因糖尿病与其他病症并发，加上服食安眠药，导致突然昏迷，呼吸困难约一小时之久，吓坏了把希望全放在小蒋身上的蒋介石。蒋介石立刻强制蒋经国入院治疗，并派遣医师紧贴照料，每天固定为蒋经国打胰岛素以控制病情。

注重养生的老蒋早先曾多次强迫命令蒋经国休假，但并没有起任何作用。蒋介石甚至在日记中直指，蒋经国最严重的问题就是“身体不知保养，用力太过，以致多病”，加上“精神时生悲伤，忧郁过度，以致负荷沉重，不知宽缓，自得乐道顺天”。

第十卷　台湾人为什么要杀我？

- 排除各方压力，接班态势明确

- 在美遭“台独”行刺前后

- “吹台青”。蒋经国大批任用台籍精英，借此延续生机

- 怀柔与政治放松。大批遭整肃党内自由主义者投向反对派

- 十大革新与农村建设。明文要求不能以“英明”“伟大”“拥护”等字眼来形容他

- “今天不做，明天就会后悔”。十大建设奠定台湾腾飞根基

- 蒋介石辞世，小蒋身体亮黄灯

- 宋美龄离台

蒋经国与一生至爱的两个女人：妻子与女儿。
这是20世纪60年代拍于台湾的照片，气候炎热的台湾竟也大雪飞扬，着实令人惊奇。24岁便在美国嫁与俞扬和的蒋孝章此番回台探亲遇上难得的大雪。三人寄情白雪，思念大陆，留下此帧美好影像。从小被视为掌上明珠的蒋孝章深得家人的宠爱，因为这个宝贝女儿是家中子嗣里唯一的女孩

婚后的孝章与母亲在一起。

婚后的孝章逐渐脱去少女的青涩，散发出成熟的少妇气质。高盘的头发和颈上的珍珠项链，衬托出她的高贵与典雅。孝章是母亲一生的至爱，即使她的婚姻为家人所反对，母亲亦独自搭乘飞往美国的飞机，参加爱女的婚礼。看着女儿婚后幸福的模样，蒋方良欣慰在心头

多年的共同生活培养了难以言表的默契，面对镜头，二人轻松地跷起二郎腿，头向对方微微倾斜，自然流露出亲密之情

20 世纪 60 年代，蒋氏家族在台北士林官邸的林园春游，留下这张洋溢着幸福气息的全家福。蒋介石与宋美龄端坐中间，右边蹲着抱着孩子的为蒋纬国，后排右起为蒋经国的长公子蒋孝文、蒋孝文的妻子徐乃锦、蒋经国、蒋方良、蒋纬国的夫人丘爱伦、蒋经国的女儿蒋孝章。士林官邸位于台北阳明山下，在台湾蕉风椰雨的气候下林木茂密，鸟语花香，加上几座颇具特色的古典建筑，为台北胜景之一。此刻的蒋家王朝备受尊崇，共享天伦。过去官邸花园为蒋氏家族所专用，现已对公众开放，每到假日，游人如织，为台北极受欢迎的观光地点

1961 年 9 月 1 日，蒋介石与家人在下棋。
美国《生活》杂志记者的镜头对准了士林官邸里蒋介石一家的日常生活。虽明显是摆拍的一张照片，却展示了祖孙两辈的脉脉深情。蒋宋都是爱棋之人，晚年于家中和孙子切磋一局是必不可少的消遣方式

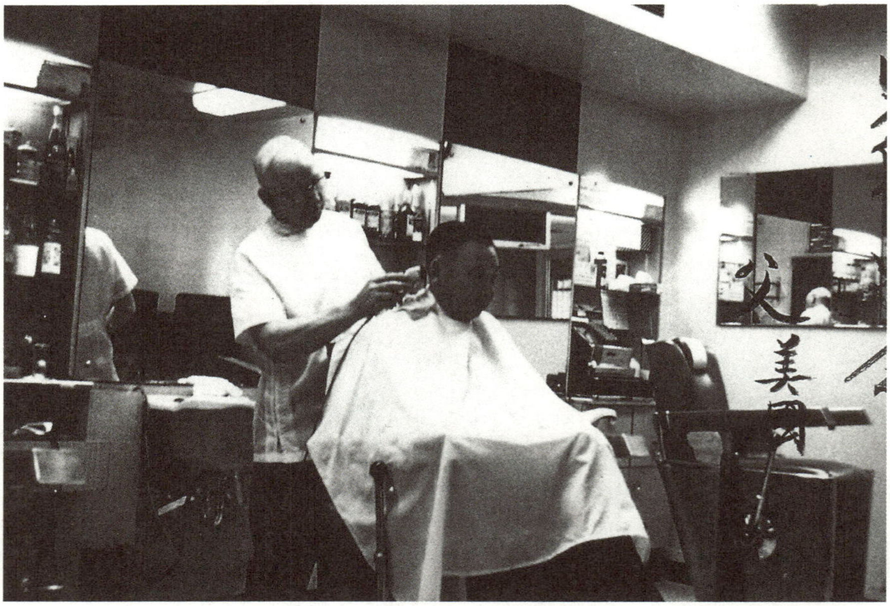

20 世纪 60 年代，访问美国期间，蒋经国偷得闲情，上理发店理发。
蒋经国在这张再普通不过的私人照片上题字“送给幺儿孝勇”，不知道有何用意。也许蒋经国并无他意，只是作为一个最普通的父亲，在外给幺儿的一张留影罢了

1962 年，蒋经国高兴地抱起孙女友梅。
为子女问题头痛的蒋经国夫妇，为孙女友梅的出世而欢欣鼓舞。友梅圆脸宽额，眉目之间有着和祖父的相似之处。这个蒋经国夫妇最疼爱的小孙女，成了老两口晚年的一大欣慰。友梅在台湾受完正规的中小学教育后，也选择了远渡重洋，开始留学生活。蒋经国病卧床榻，每每收到友梅来信，都和夫人蒋方良在床榻前共读，功效胜过良药

20 世纪 70 年代，暮年的蒋经国夫妇喜得孙儿。
他们的脸上刻着深深的皱纹，面颊在岁月的拖累中松懈下来。走过沧桑岁月，看尽风起星落，生命也在夕阳中慢慢暗淡。在孙儿的哇哇啼哭声中，生命又迎来新的光辉，如新生婴儿般充满活力与希望

1975 年，蒋介石去世，蒋经国扶宋美龄进场祭拜。
蒋介石的去世带给宋美龄巨大的打击，疲惫不堪又万念俱灰的她，同年飞赴美国，几乎隐居于纽约长岛。不过处事周到的蒋经国并没有怠慢礼数，常命蒋孝武等人到美国向宋美龄问安或共度节日

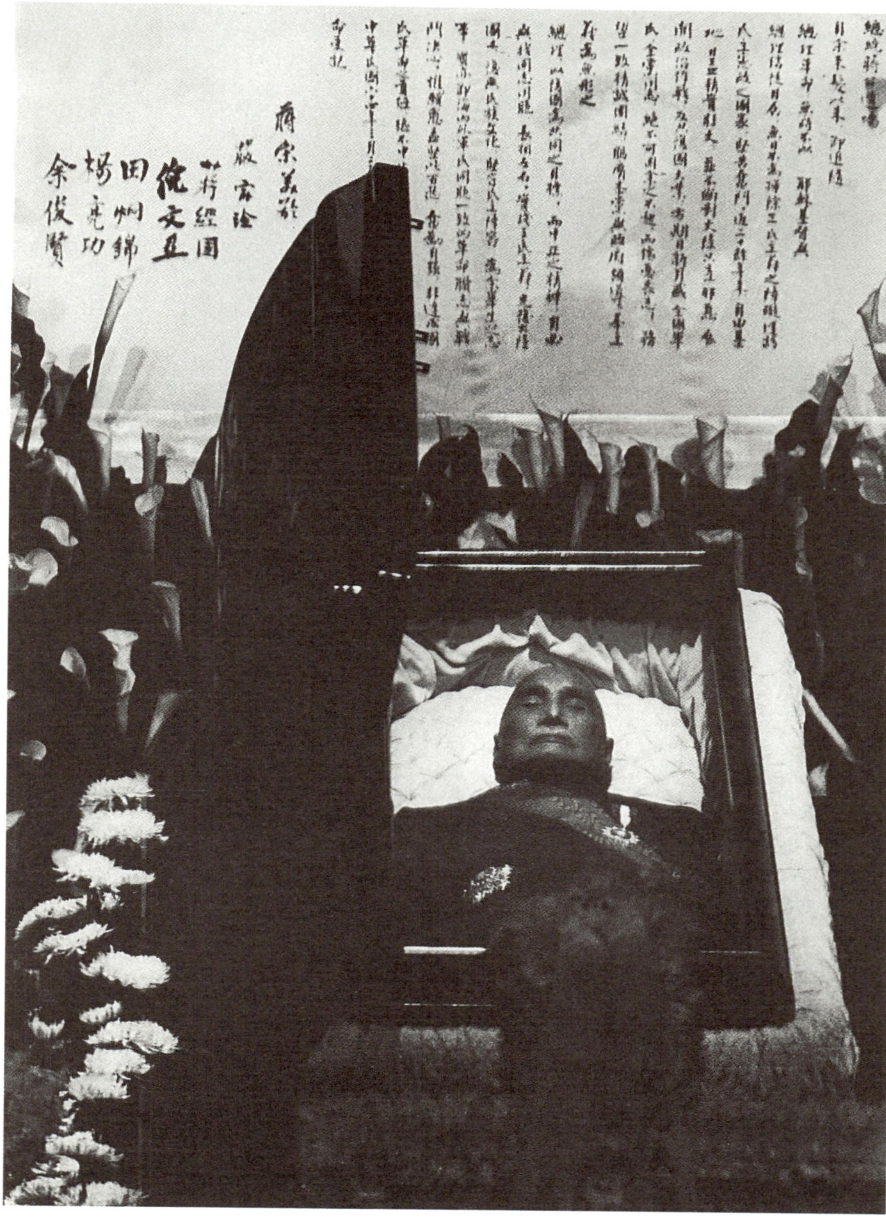

1975 年 4 月 5 日下午 1 时 10 分，安灵礼在慈湖宾馆完成。

蒋介石的灵柩停放在正厅中央的灵堂上。灵堂上镶着青天白日徽，灵台基层四周缀满白色雏菊。正厅东侧是蒋介石原卧室，房内一切布置保持原状。在卧室的茶几上，放着一张蒋介石生前用红铅笔写的便条：能屈能伸。台湾当局设计这一情节是想要告诉人们蒋介石遗愿有“顺应环境，当忍则忍，应屈则屈，以待未来伸展之意”。然蒋介石病逝孤岛，灵柩暂厝慈湖，可谓“屈尊”。安灵礼完成后，蒋经国对参加大殓的人员答谢道：“先君崩逝，野祭苍哭，敬礼致哀，悲恸之深刻，与虔诚之厚意，令人万分感动。经国遽遭大故，哀恸逾恒，无法踵谢，唯有奉行遗命，鞠躬尽瘁，以报答同胞之至诚与厚望。”

1975 年 4 月 5 日，与宋美龄相守近 50 年的蒋介石逝世，宋美龄哀痛欲绝，必须在蒋经国与蒋纬国的搀扶下，才得以参加完奉厝大典。

作风洋派的宋美龄全程戴着墨镜，然而镜片之后难掩凄凉哀伤的神情。她默默低泣垂泪，目送蒋介石走完最后一程。蒋介石的离去不仅让她体味到痛失伴侣的冷清，更伴随一种大势已去的落寞感。这种凄凉与落寞之感伴随着她隐居美国的十载岁月，更为这位百岁老人蒙上了神秘的面纱

蒋经国向前来瞻仰蒋介石遗容的民众握手致谢。

民众有秩序地列队站在灵堂前，面向蒋介石的遗容敬礼、默哀、哭泣、膜拜，每个人都带着红肿的眼睛、悲戚的神色和凝重的心情，这一刻，时光缓慢甚至停止。时任“行政院”院长的蒋经国在灵堂前与前来瞻仰的人握手致意，民众亦请蒋经国节哀、珍重

1975 年 4 月 6 日凌晨 2 时，蒋介石遗体由士林官邸移至荣总院。翌日，允许民众瞻仰蒋介石遗容。在蒋介石灵堂四周插了 88 根白蜡烛，正中供奉着蒋介石的巨幅遗像及遗嘱。灵前有五个用素菊缀成的十字架，正中一个为夫人宋美龄敬献，上款书“介兄夫君”，下款书“美龄敬挽”

蒋经国搀扶着宋美龄向蒋介石告别。

此刻的蒋经国亦同样显出苍老，同样需要别人的搀扶。他因为父亲的过世而悲恸不已，双手颤抖，甚至日后自承连向哪些人答礼都不复记忆。他在父亲的葬礼上表现为一个合格的孝子。随着蒋介石撒手人寰，蒋经国与孔家的权力矛盾也搬上台面。宋美龄以不希望触景伤情为由，搭上了远走美国的班机，这一离台就是 10 年。三年后蒋经国接掌大权，宋美龄也以“深恐睹物生情，哀思蒋公不能自已”而未返台

1975 年蒋介石过世，时任“行政院”院长的蒋经国蓄须戴孝。
身为孝子的他，在父亲最后的生命时光里，每日数次前往病房探病请安。他犹记得父亲溘然长逝那日对他的叮嘱：“你应好好多休息。”无奈却成为父亲的遗言。父亲离世后，蒋经国历经多次国际风波，都以个性强悍的一面示人，以“今天不做，明天就会后悔”的决心大刀阔斧地前进。三年后，他接过权柄出任领导人，一肩挑起“台湾第一领航员”的职责

第十卷

台湾人为什么要杀我？

排除各方压力，接班态势明确

随着蒋介石的老去，陈诚原本是外界看好可与蒋经国一较长短的接班竞争对手。陈诚辈分较高，在台推动土地改革颇得人心，更接纳不少知识分子。当时入阁时间尚短的蒋经国，声望实难与陈诚相比。随后政坛传出两人素有不合，甚至蒋经国在退辅会主委任内，还多次缺席由陈诚主持的内阁会议。

但陈诚时不我与，在20世纪60年代中期因病早逝，让蒋经国摆脱了接班上最大的障碍。蒋介石加在蒋经国身上的负担也越来越沉重，从政务委员到“防务部”部长；特别在1966年擅长财经而又没有政治野心的严家淦被老蒋提升为“副总统”兼任“行政院”院长后，蒋经国迈向政坛巅峰的机会来了。

只是在台湾，不时有人对蒋氏父子的统治表达异议。前有雷震长期经营《自由中国》杂志，又打算结合党外人士组党，犯了蒋介石的忌讳，因此入狱10年；就连曾经是蒋经国文胆之一的柏杨（本名郭衣洞），也因为在1968年《中华日报》家庭版上翻译一则美国《大力水手》连环漫画而惹祸上身。

原来这篇讽刺漫画叙述波派父子合购一岛，准备竞选总统。由于柏杨

◀ 蒋介石肖像。
这张图片曾悬挂在台湾的许多重大场合，但现在这张肖像只是一个历史的回忆与依据了

1965 年 1 月 25 日，蒋经国接任“防务部”部长后与副部长马纪壮、参谋总长彭孟缉等将领欢送卸任部长俞大维步出大厅。

20 世纪 60 年代中期，原本被外界看好的接班竞争对手陈诚时不我与，因病早逝，让蒋经国摆脱了仕途中的最大障碍。他从政务委员到“防务部”部长，迈向政坛巅峰的机会正向他挥手而来。有父亲的撑腰，蒋经国逐步成为全岛政军界的明日之星，老蒋的独裁统治和小蒋的情治协助双管齐下，蒋家王朝日益巩固翻译时将文中波派演说单词 Fellow（伙伴们），直译为老蒋口头禅“全国同胞们”，结果被检查单位认定是在取笑蒋氏父子，导致柏杨先是以“侮辱元首”罪名遭约谈，最后更以他 30 年前参加民主同盟为由，遭军事检察官以叛乱罪起诉，并判处 12 年徒刑。

抛开这些纷纷扰扰，蒋经国接班已是不争的事实。1969 年 6 月，蒋经国出任“行政院”副院长，随后兼任“国际经济合作委员会”主委与“行政院财经会报”召集人。一如过去他以“防务部”次长身份而能主管“防务部”业务，他已完成接班准备，步入领导中枢。

蒋经国的清廉、对基层福祉和社会公平的重视，加上他先前在青年族群、退伍军人族群间下的功夫，让他很快就爬到整个内阁声望的顶端。特别在陈诚故去之后，蒋经国在政坛已经没有对手。宋美龄曾屡次希望将孔令侃拉回台湾任职，却遭蒋介石不断打回票，显然他已无意要为自己儿子的接班路横生枝节。

曾因党内改造案而被流放的陈立夫，也在此时被蒋经国请回台北。陈

1966 年 3 月，年近八旬的蒋介石再登领导人宝座，蒋经国在台下带领众人向父亲宣誓，家政一体，已然成形。

1966 年 3 月，六年一度的台湾领导人大选拉开了帷幕。有了两年前雷震的前车之鉴，“国大代表”“立法委员”们心领神会地一致呼吁年近 80 岁的蒋介石“依顺舆情，竞选连任”，各界群众的“劝进书”如雪片飞来。蒋介石自是“谦逊”一番：我本来希望国民党同志不要提名我为候选人，因为才德兼备，对人民有贡献的老同志很多。但是，最后大家仍然推我，我感到很惶恐。我今年已经 80 岁，再连一任，还不能反攻，怎么对得起大家？此次大会，乃是反攻前的最后一次会议，我们必须把握时局发展的枢纽，一定要完成历史的使命

1965 年 9 月 1 日，时任“防务部”部长的蒋经国访问美国，参观载人航天基地。蒋经国好奇地一如小孩，蹲下身子仔细查看这些巨型的装置

1966 年 2 月 22 日，蒋经国接见美国第七舰队司令海兰德将军。

追溯台湾与美国第七舰队的渊源：1950 年 7 月 31 日，麦克阿瑟率 16 名高级官员组成的代表团抵达台湾，次日与蒋介石签订了《防卫协定》，决定美台双方海陆空军，归麦氏统一指挥，以“共同防守”台湾。8 月 4 日，美国空军十三航空队司令到达台湾，在台湾成立了“台湾前进指挥所”，海军第七舰队则成立了“海军联络部”。为统一指挥台湾的海军部队，美国政府还派遣了一个“美国远东军驻台考察团”

立夫在国民党改造后迁居美国，并隐居在新泽西州湖林城外莱克坞镇。1951 年 8 月，陈果夫病逝，陈立夫在蒋介石暗示下未回台奔丧；来年蒋介石授予陈立夫顾问和“总统府”资政两个虚衔与薪俸。为了生计，陈立夫曾靠养来航鸡过活，最后通过孔祥熙帮忙，才与友人合开一间食品公司，有时甚至亲自开车送货。

之后，陈立夫仅为父亲重病一度短暂回台，依旧吸引许多故旧到机场迎接，但也被限定一日内离台，因此根本无法在台停留。后来，在蒋经国极力动员下，陈立夫全家才迁回台湾，突显双方尽弃前嫌，也象征蒋经国力求党内各派系团结的努力已经落实。已经淡出政治的陈立夫，在台主要到处演讲“四书道贯”，全力提倡中医，很长一段时间绝口不谈政事。

在美遭“台独”行刺前后

蒋经国出任政院重要工作后，仍维持一向独来独往的个性，偏好走进群众、接近百姓，更不喜身旁有随扈跟从，甚至常常把随扈甩掉。他有次独自驾车到阳明七星山空军站视察，因浓雾与天黑等因素而迷路，在山下等候已久的司机觉得势头不对而连忙报告，宪兵连夜搜索才发现迷路的蒋经国。但他在“行政院”副院长任内，由于表明不习惯侍从，随扈只能躲起来，只求不要让蒋经国一回头就看见。

他当时还与全家住在赴台后分配到的长安东路平房中。为昭公信，蒋经国的生活越来越简朴，就连住所旁马路拓宽，当时台北市市长高玉树希望和蒋经国协调，盼勉予配合，没想到获得小蒋大力支持，结果寓所院子几乎被征收掉大部分，房舍紧邻围墙边。周边高楼四起，对平房几乎一览无余，蒋经国只在寓所窗户外加了道木板，防止他人窥探。

蒋介石却已经无法接受蒋经国不顾子女与安全维护问题的做法，甚至在日记中提醒自己："经儿住所应即迁移，该原处易被敌人暗算也。"因此蒋经国最终在蒋介石授意下决定迁居到士林官邸附近、位于台北大直的海军外宾招待所，即日后的七海官邸。

相较于格局气派的士林官邸，七海官邸几乎是个平民化的官舍，一目了然，占地约为士林官邸的十分之一，外侧仅有松柏环绕，内部装修简朴，通道狭窄，与当时台北一般家庭无异，除了电视外，没有任何跟娱乐有关的物品。倒是花圃摆上了署蒋孝文与兄弟姐妹致赠的大理石碑。碑文写着"大寿家门中，子孙必友孝，有因乃有果，百世逢其昌"。

搬了新家，并未带来太多好运，蒋经国豪饮的习惯在得知蒋孝文与蒋孝武均罹患糖尿病后，刻意戒了下来，希望作为身教。全家刚搬到七海不久，蒋孝文就因酒醉而昏迷，神志受损，时年才35岁。蒋经国自责不已，多次伤心地在病床前，低声地说："爱伦，爸爸对不起你。"此时蒋孝武、孝勇陆续离家求学，孤独的蒋经国对蒋孝文的女儿蒋友梅格外疼爱，祖孙甚至可以对坐几小时聊天。

1970年4月23日，蒋经国应美国国务院之邀访美，此时虽是尼克松执政，但中美关系即将发生历史性变化。蒋经国此行原本就不甚乐观，不但美国媒体颇为冷淡，尼克松等美国高层更是不愿给出任何承诺。至于在美日益活跃的"台独联盟"，更自蒋经国飞机在华盛顿落地开始，就展开一连串紧盯式的示威抗议。

蒋经国抵达纽约展开另一阶段访问后，正要步入抗议者聚集的花园广场旅馆，就在大厅旋转门遭"台独"分子黄文雄开枪射击，虽未命中，但现场乱成一团，形势大为紧张，开枪者也在混乱中立刻被大批美国警员扑倒后逮捕。

蒋经国若无其事地抵达饭店会场发表演说，被刺事件反使他在美国引发轰动。远在台北的蒋介石则在日记中抱怨，早在蒋经国离台前数日，他即"为此考虑多次，想预告经儿谨慎预防"，"唯恐影响其心理，故屡欲言而辄止，不料果有此事耳”。

蒋经国随后返台，极少露面的蒋方良忧心不已，带着孙女蒋友梅赶往松山机场接机，当众拥吻蒋经国。不知是否体认到“台独”势力持续扩大的压力，蒋经国接着便展开了他最重要的国民党扎根工程，希望“革新保台”，大批任用台籍精英，为国民党的统治基础延续生机。

“吹台青”
蒋经国大批任用台籍精英，借此延续生机

1972年5月，严家淦辞去阁揆职务，蒋经国终于成为“行政院”院长，开始了所谓的“蒋经国时代”。

摆在蒋经国这个阁揆眼前的则是一个“烂局”：“台独”势力蔓延、台湾被逐出联合国、尼克松访问中国、日本与中共建交等“外交”的重大挫折，以及来台“国会”已渐失去代表性，但资深“民意代表”又依法无法退职等困境，被陶启圣称为“危急存亡之秋”，国事如麻，纷扰纠杂。

谋划经年的小蒋先是进用有财经背景的徐庆钟担任副院长。“内政部”部长林金生、“交通部”部长高玉树、台湾省主席谢东闵，都是台籍重要政坛人士。当时孙运璇担任“经济部”部长，出身学界的李登辉与连战的父亲连震东则出任政务委员，相当于不管部部长。

蒋经国内阁平均年龄约61岁，台籍阁员占1/3，比起台籍阁员比例不到10%的俞鸿钧、陈诚内阁，蒋经国向前走了一大步，其中谢东闵是有史以来第一位台籍出身的台湾省主席，“交通部”部长高玉树还是台湾知名的党外人士。

蒋经国还通过扩大政治参与的方式，希图吸引更多台湾人支持国民党。

由于国民党在1949年间仓促地播迁至台，无法在全台范围内进行“国

民大会代表”与“立法委员”选举，形成了“宪法”法统上的危机。所以国民党特别通过增修条文的制定，将一同赴台的“中央民意代表”职务改为终身制，以免定期选举而导致法统流失或局限在台湾范围之内，暂时性地延后了问题的发生。

随着时间流逝，“民意代表”永不改选，以及台湾民众无法推派“民代”进入“中央”民意机关，渐渐成为反对人士批评的焦点。国民党在20世纪60年代中期以后，通过修订“宪法”、增修条文、办理“中央民代”补选以因应“台湾地区人口增长的现状”，初期名额约占5%。换言之，许多地方人士甚或反对者终于有了通过“选举”从政的空间。

这种改变当然与蒋经国的主张不谋而合，他始终希望通过体制内参与，吸引台湾民众的支持，扩大政治支持层面，从而有助于温和改革。蒋经国的努力，为缓和台湾族群冲突发挥了相当大的作用。不分省籍，引进大批年轻、学历高的台湾青年，在考察具有中国思想的前提下，被引介到政府各部门服务，担任重要政务，成为蒋经国用人的重要特色，被当时的媒体誉为“吹台青”。

所谓“吹台青”是当时台湾红星崔苔菁的名字的谐音。吹，指的是破格提升；台，系指对象为台湾籍；青，则是强调着重拔擢青年才俊。当然也有人说，所谓的“吹”，指的是能言善道、口才便给，甚或是会吹牛、自吹自擂的意思。

任用台籍精英成为蒋经国晚期用人的基调。如日后领导党外运动的许信良，以其客籍、台湾出生的背景，从就学时期起就是蒋经国重点培养的对象，曾获国民党的中山奖学金赴英国留学。许信良返台后除曾发表多篇时论文章外，更以《台湾社会力分析》一文获得蒋经国钦点，公开推荐国民党干部阅读。因此许信良在经过简单的党务历练后，随即获国民党提名并当选台湾省议员。

蒋经国虽然广开言路、任用年轻新锐，但他不轻信部属，喜怒不形于色，痛恨他人揣测心思的习性依旧，尤其拿“经国先生秘书”名义在外招摇，或是私下串连、拉帮结派、疏通官位者，更是犯蒋经国大忌，只要被查到，一定严惩，或是不再任用。

蒋经国更对有商务背景或地方政治派系人物多加提防，不喜欢任用传统政客，喜欢提携工程背景的科技官僚或留学学人。其间，工程师出身的孙运璇，学术色彩较重、有美国博士学位的李登辉都因此陆续受到重用，直上层峰。

不同于老蒋在官邸运筹帷幄，蒋经国只要有空儿就会下基层视察，了解民意，展现亲民作风。他很喜欢提拔年轻精英，日后台湾政坛重磅人物林洋港、国民党荣誉主席吴伯雄、前省议会议长高育仁、前“内政部”部长赵守博，都是蒋经国在这期间提拔起来的台籍精英。但他单线领导的特色依旧，只要在对外公布前有人漏口风，新职务一律“见光死”，不留任何情面。

怀柔与政治放松
大批遭整肃党内自由主义者投向反对派

在“吹台青”蔚成风气的同时，蒋经国对待异议分子的态度也变得更为开明。20 世纪 70 年代，许多具自由派色彩的大学生及知识分子，不约而同地强烈质疑台湾当局失职，以致美国将冲绳交还日本时，钓鱼台群岛的行政管辖权竟被一并交还日本。当时，包括台湾地区现任领导人马英九在内的台湾青年族群普遍对此义愤填膺，甚至发起游行示威等抗议行动，这对强调“戒严”管制的台湾来说，是相当不寻常的突破。

在很大程度上，蒋经国理解这些大动作系来自青年精英的爱国主义，以及青年对台湾与国民党当局在国际日渐孤立的焦虑。他基本默许保钓、反美运动的进行，因此掀起了校园知识分子狂飙的年代。他还指示国民党在中央党部举办了两场青年座谈会，鼓励青年踊跃发表时政意见。

1971 年，台大学生发起“保卫钓鱼台”游行示威，是国民党政府赴台以后第一次大规模的学生集会游行。

20 世纪 70 年代，钓鱼台问题初露台面之时，与美、日具有正式“邦交”的台湾的“行政院”院长严家淦公开表示决心维护钓鱼台群岛之应有权益，在美的港台留学生与华侨在国际政治环境的第一线立即以大游行与之配合。这般热情延烧至台湾岛内，台大学生亦发起相应之示威。然而此刻国民党却面临中华人民共和国回归联合国，台湾即将与美、日“断交”的“外交”困境

1971 年，台大学生发起的“保钓运动”。

对于保钓运动的参与者而言，他们需要面对一个残酷的政治现实——台湾为了不影响与美、日的主要关系，对保钓运动的支持只能是口头的，而难以具体行动，如隔靴搔痒。虽然如此，1971 年的保钓运动并非一无所获，在两岸政府与海外华人的抗议声中，日本政府中止在钓鱼台建立无人看管的气象台的计划

1970 年，国民党与日本右翼组织关系密切，照片中蒋经国以“救国团”主任的身份会见来台访问的日本右翼众议员石原慎太郎

1973 年，蒋经国和省政府主席谢东闵下乡访问屏东恒春镇，会晤南湾里渔民。

蒋经国热衷于在民间视察农场、渔场、林场、水库等等，树立起亲民、爱民、俭约、朴实的形象。蒋经国巡视到哪儿就吃住在哪儿，表现出强烈的平民化习惯。所到之处，老百姓们都拿出家里的茶水、水果招待他，和他畅谈家长里短紧接着，1970年《大学杂志》顺利通过国民党当局的审查后改组，由原先以文艺、教育为主轴，变得更具政治色彩，吸纳自由派人士与知识分子，并由台大教授杨国枢出任总编辑。《大学杂志》1971年元月号即登载陈鼓应等人的《给蒋经国先生的信》，要求广开言路，提供更多说话的场合。来年更发表杨国枢等15人要求政治改革的“诤言”，挑战政治革新等敏感议题，这些都是过去舆论界不敢轻启的话题。

面对知识界的异议，蒋经国指派国民党秘书长张宝树邀请杂志社成员面对面参加座谈会。他以“救国团”主任身份到多场大学座谈会听取意见，鼓励青年“多关心时政”，随后也特赦部分政治犯。是以国民党的软路线引发了校园要求民主的呼声，并呼吁全面进行改选，一时之间，国民党对言论与政治的钳制出现放松迹象。

但事实上，20世纪70年代初期的台湾，不但实施“戒严”与严密的军事管理控制，政治犯问题也早成为外界质疑焦点。例如殷海光、李敖等积极主张岛内民主的著名知识分子，就在此时遭当局严格控管并打压，更不乏有人因编造出来的阴谋、颠覆等罪名而受到拘捕；其中殷海光郁郁而终，李敖则被长期关入黑牢。 简言之，小蒋的开明与怀柔，仅鼓励青年与学者在国民党体制内发言，并且让建言成为拔擢世代精英的渠道。通过校园教官系统，蒋经国不但对包括保钓运动在内的校园各种动向都能充分掌握，还握有高度主导性。因此其开放的目的主要是希望通过缓和争议，求社会稳健地发展，作为经济进一步繁荣的重要基础。

陈鼓应在台大民族主义座谈会论述“中国统一”愿景后，缓和形势急转直下，王晓波、陈鼓应等14名哲学系教授遭台大校长阎振兴约谈后解聘，即台大哲学系事件。来年《大学杂志》登载要求开放党禁、成立反对党的文章，加上内部省籍争议，总编辑杨国枢被迫辞职。许多不满现状的知识分子纷纷离开了国民党，靠向党外怀抱。

当然，在一个较低标准的比较上，蒋经国对陆续冒出头的党外反对人士还是保持较宽容态度，并未让国民党内极右势力彻底封杀党外的生存空间。特别是这一批大鸣大放时代冒出头、与国民党意见相左的知识分子，大多数还是没有面临如20世纪50年代雷震案时期因白色恐怖而遭违法拘捕关押的冲击。蒋经国反倒是通过争取到不少年轻学者加入国民党，逐渐塑造起稳健开明的改革形象。

为确保改革路线不变，蒋经国陆续起用张宝树与心腹李焕，执掌国民党的中央党部与省党部；同时通过大幅换血，台湾籍地方党部主委的比例上升到超过1/3，希望争取台湾各地方势力支持，温和控制在野势力成长幅度。但以批判国民党为特色的党外人士陆续冒出头来，显然在各类选举中拥有相当的市场。

十大革新与农村建设
明文要求不能以“英明”“伟大”“拥护”等字眼来形容他

抛开政治动作暂且不论，为了争取民心，蒋经国担任“行政院”院长后随即宣布十项行政革新措施，要求官员减少铺张浪费，不得进出夜总会、舞厅、歌厅、酒家等不良场所，也明文要求不能以“英明”“伟大”“拥护”等字眼来形容他。蒋经国甚至坚持，官员“要为工作而生活”。“七点到七点”是他固定的工作时间，还不包括周末、假日到乡间巡视。

蒋经国此时把民粹风格的道德要求发挥到极致，决定把“外交”与“防务”预算以外的“中央”预算全部公开，以昭公信。他还紧抓商界人士借公司开幕馈赠官员金盘、礼品，将“中央总裁”徐伯园撤职查办，并以雷厉风行的手段拘捕自己的表弟、曾任蒋介石机要的“行政院”人事局局长王正谊，以涉嫌贪污为由予以拘禁并判处无期徒刑。

蒋经国矫枉过正的心态，还表现在他对官员家中财富的反感上，不少军队背景将领只因为新购房舍，被蒋经国掌握后就打入冷宫。民间还传言他会直接赴官员家中寒暄，表面看起来一切如常，但只要家中过于豪华，甚或官员妻子打扮豪奢，都会犯了蒋经国的忌讳，从此仕途无望。就连当时台北市银行的分行开幕，都因为蒋经国路过时发现花篮过多，而被他点名要求主管机关查办。

在经济上，由于台湾出口工业的发展是基于“农业培养工业”的原则，所以农业受到压制，农村年轻人口流失，也使得农村发展缓慢，农民收入远低于城市工人，农产品价格也偏低。因此到蒋经国接手后，他特别重视农民与劳工权益的保障与维护，甚至采取了很多与市场经济相违背的措施，遭技术官僚反对，但他仍坚持维护基层工农立场，严格要求抑制物价上涨，严防谷贱伤农。

他严格要求照顾农民生活，并通过废除肥料换谷制度、取消田赋附征教育捐、农村机械化等九项加速农村建设的重要措施，疏解农村因快速城市化而引发的困局。台湾过去为应付“中央政府”庞大开支，实施肥料专卖制度，要求农民必须拿出稻谷来交换等量肥料，等于在占农民便宜，农民抱怨连连。蒋经国出任院长后立即废除了此项不合理规定。

他还指示设立了粮食平准基金，规定稻谷价格偏低时照公告价格收购，稻谷价格高于政府公告时照市价收买，以保障农民利益。结果蒋经国主政 10 年内，粮食平准基金亏损超过 580 亿台币。

总之，蒋经国倾向“左派”的经济思维以及均富的主要思维，让他任内较为积极地以财政支持农业部门，同时在促进农业增长的前提下，积极提高农民所得，改善农村生活。他还密集地到农村视察各项民生与建设落实情形，探访民怨，以稳定农村形势。

台湾虽然通过劳动密集型产业与出口导向等经济政策的确立，从 20 世纪 60 年代开始出现经济快速增长的荣景，但过度依赖国外油源以及物价上涨等问题经常性地考验着蒋经国。

蒋经国曾于1972年公开承诺一年之内不调整物价，却因面临石油危机，通货膨胀压力严重，导致台湾岛内自由经济学者与技术官僚纷纷提出批评，要求国民党政府顺应国际形势并立即调价，李国鼎等人甚至建议放手让民生用品价格一次涨足，以消除预期心理。

蒋经国虽曾强调“经济问题必须经济解决”，却也始终坚持物价管制以保护基层民众，并拒绝接受建言，导致蒋经国与李国鼎等人一度关系紧张。蒋经国甚至还指示时任“经济部”部长的孙运璇，研拟稳定物价措施，对多种货物采取限价、议价方式处理。最后他还把原本对经济政策有决策权力的经合会（经济合作委员会的简称）直接改组为经济改造委员会，与会各部会首长改为次长出席，直接收回决策权。这样一直到1974年，他才放手让物价、油价一次涨足。

之后蒋经国仍多次在物价、生活必需品价格等问题上有所坚持。或许是上海“打老虎”的惨痛经验，使蒋经国始终深信物价平稳的优先性远高过对市场机制的尊重，同时物价波动联系的就是民生与庶民反弹。能否理解这一思维，也成为他观察、评断官员是否堪大用的潜在标准。

“今天不做，明天就会后悔”
十大建设奠定台湾腾飞根基

为让台湾迅速走向工业化，蒋经国也以他坚定的意志，贯彻他所宣示的“大有为政府”的愿景，在1973年12月16日推动了有名的“十大建设”，针对台湾基本建设、交通运输与工业基础进行重大投资，开创了台湾经济的奇迹。

十大建设涵盖公共基本设施及改变工业结构的重要生产事业，其中包括六项交通建设——中山高速公路、西线铁路电气化、北回铁路、台中港、

1980 年 2 月，十大建设中，耗时六年的北回铁路竣工通车，第一列“莒光”号专车驶抵南圣湖车站。

带有浓烈计划经济色彩的十大建设项目，亦给台湾创造了经济奇迹。通车后的车站人头攒动，比肩接踵，流动的热空气似乎都传递着热烈的气息

R155
R155
慶祝
北迴鐵路通車

苏澳港和中正国际机场，目的在于健全台湾交通网络，壮大经济动脉；另三项是重化工业、炼钢厂及大造船厂，以改善台湾工业结构，奠定重化工业基础的关键产业；最后一项则是核能发电，以稳定充裕能源供应。

十大建设带有鲜明的计划经济色彩，与蒋经国源自苏维埃价值体系的政策思维一脉相承。之所以有这么大手笔的投资计划，蒋经国主要考虑当时台湾工业及出口商品仍以劳动密集型轻工业为主，且轻工业加工所需中间产品多依赖外部供应，极易受制于人，在“外交”困境连连的冲击下，必须思考有无防制之道。

在政治层面，蒋介石时代把财力、物力与精力都放在反攻大陆目标上，但随着蒋经国接班，情况有所改变。立足台湾、开拓民生新局面，成了小蒋最关切的议题。

由于投资总金额超过2000亿台币，预估超过四成要从外部借贷，且正逢国际石油危机，台湾各界一度抱持很大质疑，甚至不知道这么庞大的经费到底在哪里。许多自由经济学背景的人士或财经官员陆续提出质疑，包括台湾“经济教父”、奠定台湾科技发展基础的李国鼎，就曾多次与蒋经国发生争执，甚至批评十大建设是“好大喜功”“歪打正着”。

在蒋经国坚持“今天不做，明天就会后悔”的原则下，建设大轮还是没有任何犹豫地往前推动。对十大建设效益有所保留的李国鼎也以“财政部”部长身份全力配合筹款，甚至远赴沙特阿拉伯借到第一笔2000万美元的贷款，加上发行各类公债在台湾岛内集资，结果也并未发生部分将领质疑大推建设将排挤“防务”预算的争议。

蒋经国的坚持换来重要的回报，加上这笔巨额投资刚好能缓解民间投资因不景气而减少的冲击，对促进景气复苏、加速经济增长、增加就业人口有很大贡献，亦一举解决台湾长期以来因为积极备战而导致公共基本建设投入不足等问题。蒋经国就任“行政院”院长时，台湾民众年收入不过480美元上下，但经过十多年经济突飞猛进，到1988年他因病过世时，台湾人民平均收入已经达到 5800 美元。

蒋经国在任内也支持孙运璇的主张，成立以政府资金设置、运作一切遵循民间企业规则的工业技术研究院，吸引大批旅美学者，并投入巨额资金发展集成电路。授权技术官僚成立的新竹科学工业园区，通过低利息、支持性投资、政策奖励等措施，引进国际尖端科学技术与工业，成为台湾在 20 世纪 80 年代后迈向高科技产业的重要基地。

蒋介石辞世，小蒋身体亮黄灯

就在此时，蒋介石也走到了人生的终点。蒋介石相当注重养生与医生建议，但在 1969 年阳明山车祸后，老蒋身体状况急转直下，甚至出现体力不继而不露面、突然跌倒，或在士林官邸眩晕、昏迷的状况，还被诊断出患了心脏扩大的毛病。从 1972 年年初开始，蒋介石更几乎每天都必须卧床休息，一度打嗝不止，间有呕吐，公开场合露面越来越少。1972 年间，在中兴宾馆避暑时还出现因心脏病而昏迷的意外。

蒋介石虽然被立即送往荣总第六病房抢救，奇迹苏醒，但他健康恶化几乎已是公开的秘密，连举办所谓的“双十”大典都必须宣布缺席。美国此后要求“大使”马康卫多次求见，确认老蒋健康情形，屡遭婉拒。

在这段时间里，蒋经国每日综理政要，却仍定时到荣总病床前探视，还要想办法化解外界疑虑，付出非常多的心血。为安定人心，蒋孝勇与蒋方智怡于 1973 年 7 月 23 日在凯歌堂结婚前，还特地安排到荣总贵宾病房，向仍在休养的蒋介石与宋美龄奉茶，士林官邸随即将合照发布。拍照时考虑蒋介石手有插管，担心针头脱落，所以将他的右手固定在座椅上。蒋孝武的儿子蒋友松诞生后，孝武也特地将其抱到病房客厅探望蒋介石，并公布合照，可说煞费苦心。

蒋介石一直到1974年12月22日才返回士林官邸，蒋经国依然每天都会前往请安。备受糖尿病折磨的蒋经国早晨请安后，也会请官邸护士帮他抽血量血糖，并打足量胰岛素，吃过早餐后才离开官邸。只是老蒋身体虚弱，发烧与肺积水问题时好时坏，肺与肾均有发炎，高烧不退，蒋经国甚至一天必须探病三次。

1975年3月中下旬，肺部积水抽除手术失败后，老蒋一度高烧、昏迷、心跳失常。医生用大量高单位抗生素才又将其抢救回来，但他已卧病不起，心跳每分钟甚至不到二三十下，让蒋经国相当忧心。

1975年4月4日，清明节上午，蒋经国陪同蒋介石在官邸内散步。小蒋报告要到日月潭慈恩塔祭拜王太夫人以及出席在中山堂举行的张伯苓百年诞辰纪念会。蒋介石除问了清明节的事，还要蒋经国好好休息。稍后蒋纬国也到官邸报告要到台中为姚夫人扫墓。蒋介石当天上午似乎坐立难安，不断要侍卫把轮椅推到花园散步，前后多达10次。

晚间，蒋经国依例到官邸问安后回到七海。没想到晚间8时15分，医疗人员发觉蒋介石脉搏转慢，状况急速恶化，情况紧急。宋美龄与蒋经国都赶往病榻陪伴，蒋经国更是刚洗完澡，头发没干，就急忙赶到官邸。据说蒋经国还激动到在病床旁跪下，哭求“上帝救救阿爹”。

晚上11时30分，蒋介石瞳孔放大，强心剂、电击无济于事。蒋经国因情绪激动，一直哭泣；宋美龄反倒是颇冷静，要医官扶小蒋到旁边沙发，设法让他情绪平复。11点50分，经请示宋美龄后，熊丸在官邸中正楼宣布蒋介石逝世，台北市区实施宵禁。蒋经国悲恸下双手发抖，后自承连向哪些人答礼都不复记忆。

蒋介石过世后，国民党中常会召开紧急会议，决定严家淦于隔日上午11时继任台湾地区领导人，蒋经国因父丧请辞“行政院”院长职务的辞呈则予以退回。蒋经国之后请假一个月为父守灵，并亲自勘察桃园角板山与慈湖两处停灵地点，最后请示宋美龄，决定奉厝慈湖。

此时，远居美国旧金山的爱女蒋孝章，协同夫婿俞扬和回台奔丧，让蒋经国的伤心稍减。日后在他发表文章《守父灵一月记》时，直称俞扬和为“婿”，等于化解了先前在爱女婚姻风波中对俞的不满。

随后，台湾为蒋介石举办了隆重葬礼，在孙逸仙纪念馆举行奉厝大典后，移灵慈湖。遭蒋介石软禁半生的张学良，则为老蒋写了挽联：“关怀之殷情如骨肉，政见之争宛若仇雠。”蒋经国随后也宣布在台湾实施大赦，约 3600 名罪犯被释放，其中约 200 人为政治犯。

宋美龄离台

台美之间关系的冷淡，也在蒋介石葬礼的特使团层级问题上被爆开来。当时台美尚存正式“外交”关系，但美国已全面寻求与中国大陆关系正常化，因此一度决定仅派正在日本开会的农业部长巴茨顺道出席蒋介石葬礼，让蒋经国深感受到侮辱。

最后，美方在压力下改派副总统洛克菲勒担任特使。洛克菲勒来台后又发生公祭典礼上美方随扈占据台湾官员座位争议，导致洛克菲勒前往七海官邸拜会蒋经国时，七海侍卫硬是以从未让任何外人携带武器进入为由，把洛克菲勒随扈赶到七海官邸围墙外守候。洛克菲勒在与蒋经国会晤中也未对台湾提出任何承诺，仅说了些友谊长存的客气话，更未问候台湾地区新领导人，双方关系恶化程度可想而知。

蒋介石一死，蒋经国与孔家的权力矛盾也搬上台面。蒋经国无法接受孔家插手“外交”与对美事务，虽然宋美龄以不希望触景伤情为由，决定离开士林官邸，赴美调养，但外界仍揣测此举与蒋经国接班有关。

蒋介石过世后，谷正纲等人一度提议让宋美龄出任国民党总裁未获同意，加上与蒋经国“外交”看法不同，宋美龄宣称不再管事，随后于 9 月

17 日搭乘“中美”号座机远走美国，停留长达 10 年，其间仅在来年 4 月返台参加追思蒋介石逝世周年纪念，8 月 22 日立即再度赴美。影响所及，连蒋经国于 1978 年当选“总统”，邀宋美龄返台参加大典，她也以“深恐睹物生情，哀思蒋公不能自已”而未返台。

不过处事周到的蒋经国可不敢轻慢了礼数，在宋驻台期间，不但每周都到官邸探望。每年蒋介石冥诞、除夕，蒋经国都要率领蒋家亲族在官邸举行家宴，为蒋介石祝寿或吃年夜饭；蒋孝武等人也会衔命到美国向宋美龄问安或共度节日。士林官邸人员编制与维护经费也从未减少。

在父亲辞世的这段时间，蒋经国自己几个儿子的问题，包括蒋孝文的健康、蒋孝武与汪长诗婚姻破裂，还是给他惹来不少烦恼。以蒋孝武为例，他婚后育有一儿一女，偏偏年少气盛，与汪长诗婚姻不睦，个人生活又常成为报纸综艺版焦点，让蒋经国伤透脑筋。因为怕蒋经国责骂，据说蒋孝武还曾数月躲着蒋经国。

1996 年，台、港、澳三地保钓人士在钓鱼岛顺利完成宣示主权的七日阶段任务。
海面上日本保安厅的小艇，不断地来回逡巡。两者微妙地宣示着各自的政治利益

就在蒋经国慈湖守灵期间，汪长诗与蒋孝武爆发激烈口角。据蒋经国副官翁元回忆，汪长诗连夜跑到慈湖，要求蒋经国主持公道。气得发抖的蒋经国特地把蒋孝武叫到七海狠狠训诫了一番，甚至把他关在官邸，却都无济于事。

1977年年中，汪长诗决定离开台北，返回瑞士娘家。原本蒋家想到机场拦人，蒋孝武却持枪大闹松山机场，要求飞机即刻起飞，警方束手无策，直到飞机起飞状况才解除。

蒋经国当时也只能在七海官邸对蒋纬国大吐苦水，称自己"任何大风大浪、国际横逆，我都可以挡得住，唯有自己的孩子到如此地步，我受不了"。蒋纬国建议由他到机场去劝蒋孝武，蒋经国只无奈地说："你不要去，他现在手里拿着两把手枪，是六亲不认的，你去不见得有用。让他们慢慢地拖，拖到最后他累了，就会投降的。"

蒋经国夫妇最钟爱的孙女蒋友梅，在台湾受完正规的中小学教育后，也选择离开七海，赴外求学，并取得英国肯特大学艺术史与英国文学的学士学位。蒋友梅留学时，蒋经国已经卧病床榻，每次蒋友梅来信，都是由蒋方良拿到蒋经国床榻前共读，算是老夫妻晚年的一大欣慰。至于回信则多委由赵聚钰太太等友人代劳。

至于庶出的章孝严、章孝慈兄弟，生涯发展则与学界关系较为密切。章孝严先是大学毕业后考入台湾"外交部"服务，随后被派往美国，在乔治敦大学取得国际关系硕士学位。章孝慈则是半工半读，靠着在美国餐馆跑堂打工，在20世纪70年代取得美国杜兰大学法学博士学位，留在学界发展。蒋经国仍未打算让两个私生子公开身份，而是打算让两人在他与蒋方良百年之后再认祖归宗。

第十一卷　漂移的孤儿

- 出任“总统”，礼遇少帅
- 美台“断交”，台湾成为“漂移的孤儿”
- 牺牲享受、享受牺牲
- 左眼失明，糖尿病深度恶化

▶“人在走路时，转弯最重要。”蒋经国生前经常挂在嘴边的这句话，是国民党元老吴稚晖的名言

Newswee
Taiwan
Turning
Point

第十一卷

漂移的孤儿

出任“总统”，礼遇少帅

蒋介石过世，经过两年多的过渡时间，蒋经国终于通过“国民大会”选举，于 1978 年 5 月 20 日当上台湾地区领导人。不爱排场的蒋经国，再三要求国民党不要再用“英明”“伟大”“导师”“拥护”之类的词来形容他，不要再提什么“蒋经国时代”，不要高呼“万岁”。

蒋经国要求只能有一个官邸，就是士林官邸。他也没有因为当选台湾地区领导人而扩编或改变七海官邸配置。配合蒋经国的刻意低调，七海一切安排都不敢和士林官邸比肩。当时为了蒋经国的健康，曾有医师建议在七海后面挖个游泳池，方便蒋经国运动，但小蒋只反问一句：“台湾几家有游泳池呀？”就再也没人敢提。敏感的蒋经国刻意要求部属不得称蒋方良为“蒋夫人”，因为“蒋夫人只有一个”，就是宋美龄。

为节省公帑，蒋经国就任台湾地区领导人前，座驾与随扈车根本就是进口车与本土车混杂的杂牌车队。不同于蒋介石与宋美龄酷爱凯迪拉克的派头，蒋经国直到就任后，为了国际宣传好看，才向别人借来别克车，组成“总统”车队参加就职典礼。

◀1980 年 3 月，《新闻周刊》以蒋经国为重点报道了“台湾走向新的转折点”。
与老谋深算、玩弄权术的蒋介石不同，蒋经国对台湾有更深的感情。而作为蒋家王朝的继任者，他所考虑的重点不再是争斗，而是国民党如何在台湾立足以及台湾的走向。在蒋经国当政时期，台湾的经济起步、腾飞，政治气氛也达到了空前的开放。基于这一点，蒋经国注定要比蒋介石对台湾的贡献大蒋经国数度否决属下打算帮他添购凯迪拉克等大车的想法，理由是车价太贵。结果蒋经国每辆车起码开 10 年，需要经常维修。最后还是蒋孝武骗蒋经国已经没有零件可换，蒋经国才勉强同意换车。

蒋经国节俭却不小气，陈立夫自美回台后，暂无座驾，蒋经国为他特地下了条子，要求官邸拨出一辆凯迪拉克供陈立夫使用。

蒋经国就职后，虽然还是照样提反攻大陆，但台湾民间也都知道，这不过是照例要喊的口号。倒是为了贯彻“吹台青”政策，小蒋挑选已经 71 岁的台湾省主席谢东闵做他的副手，谢东闵也是第一个能出任这么高党政职务的台籍人士。蒋经国遗留的“行政院”院长位置，由外省籍的技术精英孙运璇补实。这让外界认为，未来孙运璇极可能在后蒋经国时代扮演重要角色。

在与党内大佬的应对上，蒋经国也是比照宋美龄的模式，抱持低调谦恭的姿态，鲜少独断独行。重要人事势必先召集党政大佬到家中讨论，或找些素有威望的人士咨询，一一听取意见后再下决定。他也全面放松对少帅张学良的管制。蒋经国当选后，结束宣誓回家，接到的第一个恭喜电话就是张学良打来的。

1979 年 10 月 5 日，中秋节，蒋经国特地在七海官邸举办一场宴会，来宾包括秘书长马纪壮、资政张群、战略顾问何应钦、画家张大千、“国家安全会议”秘书长黄少谷等。他还特地邀请张学良夫妇出席，张学良出入自由且为官邸座上客的意味明显。

就连日后为庆祝与蒋方良结婚 50 年，小蒋也特地邀请张学良夫妇一起到圆山饭店同乐；还安排张学良搭乘专机，前往金门参观，甚至出席“双十”阅兵。

表面上蒋经国在权力接班与党内和谐上摆平了所有可能的争议，但外部环境却开始恶化，新的考验才刚刚开始：与美国的“外交”关系即将走到尽头；台湾日益激烈的反对势力，乃至于两岸之间错综复杂的互动关系，都让蒋经国处理起来备感棘手。

美台“断交”，台湾成为“漂移的孤儿”

早在20世纪60年代末期，随着政策立场转变，尼克松不惜放弃蒋介石，决定与北京发展正式关系。虽然蒋经国一度访美并获尼克松亲自接见，却没办法改变这一现实。

20世纪70年代，先是美军第七舰队宣称停止巡弋台湾海峡，后美国政界关于联合国应采“双重代表权”或是更极端的“两个中国”主张的声音甚嚣尘上。1972年2月21日，尼克松访问北京，象征两强新格局的开始。在联合国问题上，蒋经国没有采取美方建议：放弃联合国安理会席位，退而保留联合国会员资格的“双重代表案”。在表决不力情况下宣布退出联合国，显示国民党的美国“外交”防线已摇摇欲坠。

但出乎意料的是，台美之间出现了一个政冷经热的时期，经贸关系日益密切，台湾借由巨幅的顺差，迅速累积外汇储备，发展出口贸易。台湾对美国的各类型“外交”努力也更加积极，情报单位甚至也设法与华裔团体或是在美发展的中国大陆人士发展关系，以加强情报与“台独”海外势力的情报搜集。

蒋经国其后借着与李光耀会面的机会，向美国保证，台湾依旧会坚定追随美国的领导；不会与苏联建立谅解或关系；现在不会，将来也不会与中共进行任何形式的谈判。

第二点除了蒋经国本身的政治倾向之外，还因为与苏共关系恶化后，苏联曾试图建立与蒋经国间的联络渠道，并曾派密使来台。加上“国民政府”被逐出联合国之际，“驻美”代表周书府曾扬言“不惜与恶魔握手”，自然让人质疑蒋经国未来可能改打苏联牌。第三点则是为澄清两岸间可能秘密谈判的消息。蒋经国除了通过李光耀传话，还直接对美国“大使”马康卫做了以上保证。

1976 年，《华盛顿邮报》披露称台湾秘密提炼浓缩铀，美国虽然表面上放弃了台湾，但以台治中的策略则已隐然成形。美国一直反对台湾发展核武。获知这个消息，美国立即由美驻台“大使”安克治（Leonard Unger）出面，要求台湾拆除提炼设施，并把器材运回美国。蒋经国被迫提交“外交”备忘录，保证台湾从无发展核武的意图或进行铀提炼；但私底下，相关研究仍在继续。

此时，毛泽东已告别人世，邓小平即将复出。在美国方面，继尼克松、福特之后，民主党的卡特于 1977 年当选美国总统。虽然人事全新，卡特又与尼克松属不同政党，但其仍决定继续执行尼克松中国关系正常化政策，与台湾断绝共同防御条约的军事合作乃至于全面的“外交”关系。

这种策略下，连蒋经国当选，卡特也仅指派了一个低阶特使团来贺，同时又派国家安全顾问布里辛斯基在同一天飞往北京访问，以示安抚。台湾方面试图劝阻却徒劳无功，此一“极不友善的动作”，凸显双方关系质变已在旦夕。“庄敬自强、处变不惊”也成为国民党掌控下媒体宣传的主轴。终于，美国动向问题有了蒋经国最不希望见到的发展。

1978 年 12 月 15 日晚间，美驻台“大使”安克治致电蒋经国的秘书、时任“行政院”新闻局副局长的宋楚瑜，神秘地请他务必安排即刻与蒋经国见面。虽然安克治无意透露，但作为蒋经国秘书，宋楚瑜在“对方未明言，也无法揣测”的情况下，大胆地直驱七海官邸，史无前例地在凌晨两点叫醒了正在睡梦中的蒋经国，报告这个信息。

蒋经国系于凌晨 2 时 15 分在七海接见安克治，听取安克治宣读卡特“哀的美敦书”，获悉美方明早 10 时就会宣布，将于 1979 年 1 月 1 日与台湾“断交”，与中华人民共和国建立正式外交关系。美方将在四个月内撤回所有在台军事人员。安克治受命要求蒋经国不得提前公布，平时喜怒不形于色的蒋经国除抗议美国“断交”前七个小时才告知信息，对他个人是一大侮辱外，还坚持他身为台湾地区领导人，有义务告知台湾人民信息，无法接受美方条件。

蒋经国在半夜立刻召集“五院”院长等党国要臣，连夜到七海官邸商议对策，敲定即将举行的选举暂停，“外交部”部长沈昌焕请辞下台负责。当天早上，在美国宣布与中国建交后，蒋经国稍晚发表正式电视谈话，对美国提出严重抗议。据说他当天情绪相当低落，连电视谈话都 NG（重拍）数次才勉强录好。

台美“断交”的消息传出后，除了黑市横行、台币贬值、民心动荡之外，还意外引发了新一波的民间反美风潮，愤怒的青年串联投掷石块与鸡蛋，攻击美国“大使馆”。就连抵台交涉的副国务卿克里斯多福，都在机场遭群众围堵，不但车窗被打破，更有人直接殴击克里斯多福的脸部，引发“外交”纠纷。美方认定与蒋经国关系匪浅的“救国团”以及小蒋的亲信王升，在一连串反美示威行动中扮演重要角色。卡特指责这是场由蒋经国所怂恿的公众示威。

“断交”已成事实，卡特宣布停止对台军售一年，双方关系倒退到非官方基础，台湾面临了 20 世纪 50 年代中期之后前所未有的孤立局面。面对变局，蒋经国没有乱了阵脚，也没有打算和民主党撕破脸，而是相当务实地接受美国官方的调整，把双边组织定位在非官方而非半官方的联络处，同时加强国会游说，希望维持双边务实关系。倒是由于不满蒋经国手下“外交”官员与美协调的结果，据钱复回忆，宋美龄一度辞去国民党所有党职以示抗议，直到蒋孝勇赴美解释才打消宋美龄的怒气。

因为台美关系持续恶化，连 AIT（美国在台协会）人员都奉命不得在官方场合与台湾地区政府官员互动，结果蒋经国的七海官邸反倒成了美方重要人士讨论、传递信息的渠道。不过美国还是为台湾开了道小门，由国会通过“与台湾关系法”，维持原先双方多项条约、协议，并承诺持续提供防卫性武器给台湾，让蒋经国渐渐控制住“断交”后混乱的局面。

牺牲享受、享受牺牲

虽然岛内外的冲突连连，但蒋经国深知，人民基本生活的照顾依旧是国民党“执政”有无未来的唯一标准，他也花尽了所有的心思，在基层关怀与政治风气的导正上，希望能有所突破。

小蒋正式就任后，就以不便参与私人宴会为由，与蒋方良深居简出，使得蒋方良几乎大门不出、二门不迈，除了洗发、去妇联会、劳军，很少活动，充其量就是和蒋经国在院子里散步；她根本没有贵重首饰或珠宝，就算想吃些什么东西，也只托司机买回来。蒋经国只要没有出访，中午与晚间都会返回七海用餐。

此外，小蒋不但厌恶社会大谈“豪华公寓”“豪华汽车”这些字眼，还指示台湾当局必须厉行“均富”的原则，把所得分配差距拉近。他强调官员要遵守不收礼的原则，如果有人送礼给他，蒋经国一律统一处理，到年终再决定分送机关学校保存，还是由工作人员联谊摸彩。

据说蒋经国因为节省，衬衫经常两三天才换洗一次，有时流汗弄湿衬衫，还自己把衬衫用衣架挂在书房，晾干了，再穿上去上班。七海的地毯

1977 年 10 月 8 日，蒋经国在台北中山纪念馆试开电动车，神情愉快

变了颜色，蒋经国认为还可以用，十多年也不准换。

七海墙壁发霉，壁纸破裂，椅子把手失灵。侍卫用三夹板挡住墙的破口，以免下雨渗水。蒋经国衣柜里也只有两三套衣服不断更换，蒋方良有次给蒋经国买了双皮鞋，还被骂了一顿，说是浪费。就连七海官邸编列油漆钱，蒋经国都不准，更别提官邸沙发前后 30 年不换了。

当时台湾只要发生台风灾情，断电缺水就是家常便饭，台风结束后蒋经国总会迅速前往巡视灾区。回到家里，有时看到开着冷气，会马上要蒋方良把冷气关掉，连冷气坏了修不修，也要由蒋经国做决定。

蒋经国的节俭风格还反映在七海官邸的菜钱上。由于蒋经国担任公职，当时他的任职单位都会派专员，每个月固定把月俸、眷粮等一些经费和生活日用品，送到官邸给蒋方良签收。至于菜钱，则由蒋方良和长安东路时期就开始料理家务的总管阿宝姐共同管控。

20 世纪 70 年代末期，蒋经国家中每日菜钱约 200 元，十几口人吃饭，连中等家庭都不如，往往一餐就是一顿蛋炒饭。就连全家聚餐，大厨杨焕金帮蒋经国准备爱吃的砂锅鱼头，吃不完一定打包，隔餐再吃。即便到了他晚年，台湾经济起飞，据说七海菜钱还是绝对控制在每天新台币 1000 元内，如果大厨采买超出预算，蒋方良还会亲自查账。

以早餐为例，通常蒋经国夫妇只要一杯咖啡、几片烤面包，有时加点水果就能打发，一切以节省、俭朴为原则，更没有消夜、点心。七海官邸餐厅的冰箱数十年不换，时常放着一包包吃剩的东西，头顿菜没吃完就加热隔餐再吃。采购的水果放冰箱，由旧的先吃，一旦烂了，削一削，蒋经国夫妇也照吃不误。

当时七海官邸，每周一、周四由蒋孝勇全家陪蒋经国夫妇吃晚饭；周二、周五是蒋孝武全家；周三、周六是蒋孝文全家。每餐固定是四菜一汤的家常便饭。蒋家第四代还不时会在七海边的小湖游玩，或是逗弄草坪上放养的山羊。

1977 年 10 月 21 日，“行政院”院长蒋经国上午亲临“中华民国六十六年台湾区运动会”会场，受到民众的热烈欢迎。在他绕场一周向民众致意时，热情民众不断齐呼：“蒋院长好！”随从人员也不时把“蒋院长”抬起来，与看台上的民众握手

左眼失明，糖尿病深度恶化

喜爱到各地巡视的蒋经国，在他任内前四年，共下乡 197 次，造访金门 123 次。在巡视期间，只要看见民众办喜事，一定下车看新娘，向民众道贺。到了地方，对饮食的要求就更随便，通常一盘炒饭就能打发，吃冷便当也是家常便饭。有次蒋经国到民间巡视，看到民众正在嚼槟榔，不谙槟榔的蒋经国也伸手要了一颗，嚼一嚼就连汁带渣吞了下去，自然被呛得满脸通红。

影响所及，蒋经国时代，连商贾都不敢拿鱼翅燕窝等饮食在外招摇。郝柏村也说，蒋经国完全没有企业界的私交，穷苦的农民或是摆摊子的小贩这样的朋友反倒结识了不少。只是密集地下乡累了七海的侍卫，受不了每天奔波而求去者大有人在。

蒋经国忙于政事，忽略饮食管理，不听医生专业意见，到了民间有什么吃什么，毫不控制饮食，自然埋下了不利因子，失眠问题也日益严重，健康恶化。

蒋经国爱吃甜食，八宝饭和富贵火腿更是他的最爱，自然对病情没有帮助。两名医师长住在七海官邸蒋孝勇房间内，还定时陪着蒋经国用餐，也没什么帮助。到了晚期，蒋经国手臂上已满是针孔，甚至必须在腹部打胰岛素。

熊丸曾说，蒋经国的就医态度始终是只要医生说这个病“死不了”，他就抱持着“死不了就好”的心态，能拖就拖。医疗小组曾建议增加医生人数，方便照顾，他也以“生死有命，富贵在天”回绝。

由于服用太多西药、安眠药产生的副作用，蒋经国更出现视力问题，左眼微血管破裂，加上视网膜剥离与白内障等状况，导致视力极速恶化，必须两度动刀，最后还将左眼换上了人工晶体。传言蒋经国开完刀后还一度轻微中风，只是没大碍，亦未对外公布。

蒋经国视力仅能靠右眼维持，大部分事宜只能仰赖秘书代劳。加上糖尿病影响，蒋经国要站立或走动，脚部就会剧痛。自 1983 年年初，蒋经国已无法再下乡探访民众，时常躺卧在床，避免不适；只能在周末、假日固定时间召见俞国华、郝柏村、沈昌焕、宋楚瑜、蒋孝武、蒋孝勇等亲信到七海官邸谈话。当时美国在台协会处长李洁明，也是直接能到七海晋见蒋经国并辟室密谈的人士之一。

“每日带着忧时悔过的心，坦白赤诚，无所隐饰地承认自己所做过的种种过错。”

第十二卷　病夫治政

- 蒋经国晚年对反对势力的宽容态度，让许多党内保守人士更加不安

- 《美丽岛》冲击。蒋经国经长考，下令予以取缔

- 两岸重启接触，蒋经国与大陆隔空交往互动

- 王升的殒落与李登辉的登台

- 江南案让蒋经国既生气又伤心，成为他心中之痛

- 病情加剧，蒋孝勇崛起

年轻时的蒋经国在私人宴会上，就爱喝酒、爱划拳、爱讲笑话。有人说，他讲的笑话都可以集成一本书了。年老时，蒋经国仍不改爱热闹的风格，特别爱与青年、军人、劳动阶级相处，这都是缘于早年的苏联生活，使他能够体味温馨与开怀的时刻。敬酒的年轻人一饮而尽，蒋经国也十分愉快，举杯共饮以致谢意。“蒋经国时代”开启以来，他更加与人为善；专注于台湾经济的发展，逐步摆脱了当年高压情治的恶劣影响。随着经国晚年的逐步迈进，台湾也更加开放与民主

蒋经国的脸因糖尿病而浮肿，经年累月的失眠问题越发严重，加上无暇休息，健康状况每况愈下，岛内医生亦束手无策。“油尽灯枯”，是他对医生发出的内心告白

年老的蒋经国相比年轻时期的爱开玩笑更是有过之而无不及，更显出憨态可掬的模样。当摄影师的相机对准他时，他立马抓起餐巾蒙在脸上，好似害羞又淘气的小孩，把老伴蒋方良逗得咯咯直笑

第十二卷

病夫治政

蒋经国晚年对反对势力的宽容态度
让许多党内保守人士更加不安

在台湾“外交”遭遇孤立的敏感时刻，另一项烦恼蒋经国的重大争议，就是台湾反对势力的大动作与擦枪走火突然成为社会争议爆发的导火线。

从蒋经国“执政”以来，虽然保守派多次要求应对嘈杂的在野人士更加强硬，但他显然愿意忍受这些杂音，同时借此向美国证明，台湾有足够的民主与自由忍受在野批判。他邀请美方派出观察员，确定台湾虽然实施军事“戒严”，但政治犯与人权记录并非那么差。

1977 年 11 月举行的“中央”与地方公职选举，却发生了原本是国民党重点培养的地方精英、台湾省议员许信良，因不满国民党中央以“党纪考核记录不佳”为由拒绝提名他参选桃园县县长，愤而决定脱党参选。

许信良随即被开除党籍，却在选举中呈现领先趋势。加上投票当天，许信良阵营发动大批青年与支持群众担任监票助选员，发现桃园县中坜国小投开票所选监主任企图帮一对不识字的夫妇投票，许信良阵营立即指控国民党涉嫌作票舞弊，因此选举尚未结束，就爆发激烈的抗议事件，近万群众甚至砸毁中坜警分局玻璃窗，火烧警局、警车。虽然蒋经国直接下令，警察、宪兵不得开枪镇压，但到了半夜还是发射了催泪瓦斯才把群众驱散，即有名的“中坜事件”。

许信良最后得了22万票，轻松胜过对手而当选。但中坜事件加上当年国民党选举结果不如预期，党部提名人选在多处落选。曾提拔许信良的李焕被迫辞职下台，蒋经国改派另一名心腹潘振球接任省党部主委，因此也有了“李换（焕）王升（升）”的说法。

中坜事件影响深远之处，除了让国民党长期自诩的政治稳定一夕变天之外，更让事件主角许信良知名度暴增；同时在野人士很快就发现，大规模群众事件是拉抬支持率的好方法，并可让国民党背上打压民主势力的大帽子，因此台湾反对党的动作迅速升温，开始挑战国民党的统治权威。

由王升主持的“总政战部”开始加强舆论的钳制与管制作业，台湾官方没收了大批与中坜事件相关的书籍，台湾情治机关开始严查各项叛乱案件。但是台湾的在野人士已经不甘于接受国民党的游戏规则，包括康宁祥等人都提出解严、改选等诉求。

1978年11月，原定举行代表与“立委”补选，在野人士更首度串联，成立党外联谊会，以类似联合竞选的方式，力推停止“戒严”，大赦政治犯，民选省、市长等台湾政坛从未公开讨论过的诉求。其中，助选团的总干事即由施明德担任。虽然因为美台“断交”，该次选举被迫中止，但台湾反对势力的强化，已是不争的事实；许多党内资深“民代”也不满蒋经国的宽容态度，纷纷要求党中央拿出办法，终止类似的思想污染。

至于当选桃园县县长的许信良，则以擦边球多次冲撞体制，抗议国民党对政治异议人士的钳制或非法逮捕，并以桃园县县长身份发起高雄桥头示威游行，声援因叛乱罪而被当局逮捕的余登发父子，这也是台湾“戒严”时期第一起游行集会事件。

虽然许信良因此被罢免县长一职，但他仍串联起党外势力，同样在不依法申请的情况下，发动了一次以为自己祝寿为名的活动。这次活动虽遭警备总部警告与关切，最后仍在蒋经国默许下，聚集两万多人非法集会演讲，但警方未做任何干预。这代表蒋经国晚年对反对势力的处理态度，也因此让许多党内保守人士更加不安。

《美丽岛》冲击
蒋经国经长考，下令予以取缔

当时虽然反对阵营中有不少温和派人物，陈诚之子陈履安、宋楚瑜等国民党内新蹿起的技术精英也多半对政治改革表达同情，并获得蒋经国支持，希望吸纳更多归台高级知识分子，提出民主改革方案，但双方集团对立形势，已非温和派居中可以化解。

在野势力中，包括新创立的《美丽岛》杂志，陆续出现许多人主张直接挑战权威，采取边缘策略，企图制造冲突、冲撞威权，走结合更多反对人士的激进路线。

至于亲国民党方面，包括“铁血会”等右派团体也纷纷成立，受到政战体系主管的军方报纸的默许与同情。《美丽岛》杂志在中泰宾馆举行创刊酒会当天，就有自称“热血义士”的《疾风杂志》人员在馆外聚众抗议，并投掷石块、电池等物品。这批右派人士把党外与“台独”当作首要制裁目标，多次与党外团体发生激烈冲突，冲突愈演愈烈。

1979 年 12 月 10 日的《美丽岛》游行，成为对立爆发的冲突点。当时《美丽岛》杂志各地办事处纷纷设立，社务委员多达 61 人，几乎网罗全台各地、各路线的党外人士，已经是具有动员组织力的党外集团了；以黄信介为发行人，许信良为社长，黄天福、吕秀莲为副社长，张俊宏为总编辑，施明德为总经理，其中施明德的激进路线最占上风。

随着《美丽岛》杂志的知名度不断提高，其发行量超过了八万册。12 月 10 日当天，杂志社以纪念世界人权日为由，发起游行。虽然官方发出禁令，但黄信介等人坚持不理会国民党的威胁而照常上路。国民党则在游行前一天，紧急通过电视宣布将于高雄举行冬令宵禁演习，禁止任何示威游行活动。

原本蒋经国已指示警察必须“打不还手、骂不还口”，也不实施武力弹压，但在优势警力包围下，《美丽岛》的义工在游行前一晚已因突围而酿生冲突，随即遭逮捕，引发群众包围警局，并指控警方刑讯、殴打，致紧张形势扩大。

游行当晚，警方本要协调《美丽岛》杂志维持集会，放弃游行，却没有得到接受，反而警方指控遭到民众暴力相向，结果和平结束游行集会已成泡影。情绪激昂的反对人士在施明德的带领下，无视禁令，坚持游行，持续演说，并冲撞宪警防线，结果造成大规模肢体冲突，形势失控，直到半夜镇暴部队发射催泪瓦斯，才将群众驱散。

国民党内保守派对“高雄暴动”的反应相当激烈，要求党中央须严惩作乱分子，同时为形势失控负责。国民党随后进行中常会改组，多名学者遭解职，王升与若干军方将领进入党政高层。蒋经国在长考之后，同意党内小组建议，逮捕黄信介等多名《美丽岛》事件的首要人士，同时将《美丽岛》与《八十年代》等党外杂志停刊。

稍后举行的《美丽岛》大审，施明德、黄信介、吕秀莲、陈菊等八人遭叛乱罪起诉，并送军事法庭公开审判。国际特赦组织与人权组织均抵台表达关心，该事件因而成为国际报道焦点，包括陈水扁、谢长廷、苏贞昌等台湾近期的民进党精英，都因参与党外人士辩护律师团而崭露头角，也号称“《美丽岛》世代”。

至于担任《美丽岛》杂志社社长的许信良，则因为游行之前就被迫离台而滞美未归，事件发生后也随即被拒绝入境，从此长期滞留美国，成为党外人士“黑名单”的代表。

在西方媒体催促下，这次军法大审相当特殊地采取当庭公开审判与辩

1979 年，《美丽岛》杂志社。游行事发后，杂志社遭封闭，外面站着围观人群。
在野势力创办的《美丽岛》杂志中，陆续出现许多直接挑战权威，采取边缘策略，企图制造冲突、冲撞威权的反对人士。随着杂志知名度节节攀升，发行量超过八万册，各地办事处亦纷纷设立，社务委员多达 61 人，几乎网罗全台各地、各路线的党外人士，已经是具有动员组织力的党外集团了

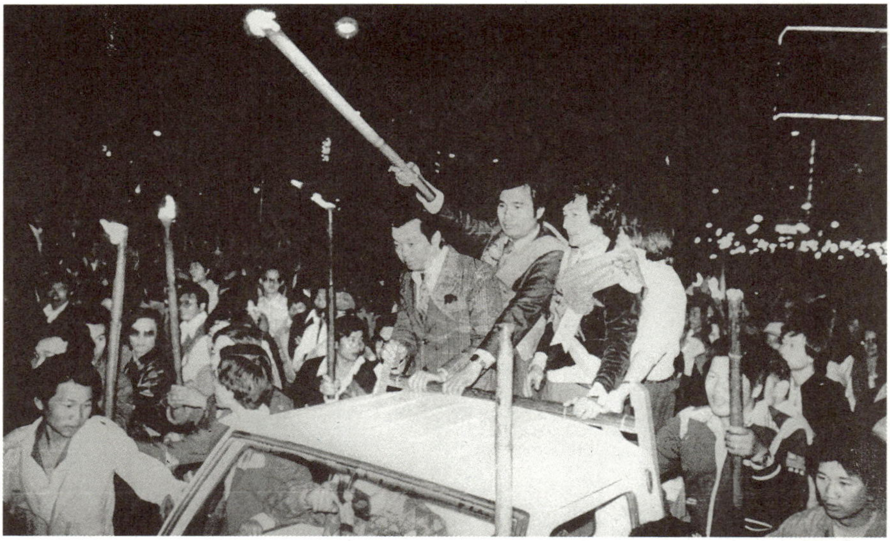

1979 年，《美丽岛》事件中，施明德（车上右）、姚嘉文高举火把，率领群众游行。

1979 年 12 月 10 日，《美丽岛》杂志社以纪念世界人权日为由发起大规模游行，虽然官方发出禁令，但黄信介等人坚持不理会国民党的威胁而照常上路。情绪激昂的反对人士在施明德的带领下，无视禁令，坚持游行，持续演说，随后更冲撞宪警防线，结果造成大规模肢体冲突，形势一度失控。直到半夜镇暴部队发射催泪瓦斯，才将乱作一团的群众驱散

《美丽岛》杂志社人员非法游行并殴击维持秩序的宪警人员。

宪警部队接到蒋经国的指示：打不还手、骂不还口，不容许实施武力弹压。在混乱无序的形势得到解除后，仍无法博得谅解和好感

1979 年，《美丽岛》事件中，游行总指挥施明德（佩胸花者）被请入警察局协调相关事宜。
20 世纪 70 年代末，台湾反对势力蠢蠢欲动，已达临界点。1979 年 12 月 10 日的“《美丽岛》游行”，成为对立最终爆发的冲突点，施明德的激进路线最占上风。国民党内保守派要求党中央严惩作乱分子，逮捕《美丽岛》事件的罪魁祸首。虽蒋经国传话不容许任何死刑、流血，让保守派眼中的首恶施明德逃过一死，然而施被判无期和其他被告亦处以 10 年以上徒刑的做法，仍旧遭到美方挞伐，蒋经国精心维护的开明形象受到重创

涉嫌叛乱案之黄信介等八人。
《美丽岛》大审中，警总军法处以叛乱罪起诉黄信介、施明德、张俊宏、姚嘉文、林义雄、陈菊、吕秀莲、林弘宣八人。而这次大审相当特殊地采取当庭公开审判与辩论，容许媒体旁听采访，意外地为被逮捕的异议人士提供了大量时间而获得国际舆论支持，使得党内开明人士始料未及

论，容许媒体旁听采访，却意外让被逮捕的异议人士获得大量时间，说明争取政治权利的理念，驳斥所谓意图叛乱的说法。加上众人着力控诉被军警单位逮捕后遭非法刑讯逼供，反而通过公开审判获得了国际舆论支持，这也是国民党内开明人士始料未及的巨大变化。

虽然蒋经国传话不容许任何死刑、流血，让保守派人士眼中的首恶施明德逃过一劫，但台湾司法机关为了失控的游行集会，宣布施明德被判无期徒刑、其他被告被判 10 年以上徒刑的做法，立刻引发美方与舆论挞伐。蒋经国精心维持的开明形象与方针受到严重打击。

尤其大审过程中，遭逮捕的省议员林义雄的住宅在二二八事件发生当天遭暴徒闯入，导致他的母亲与双胞胎女儿被凶手刺杀，另一个女儿重伤，立刻引发台湾各界震撼。官方随即准许林义雄交保，但并未查到凶手，仅判断是与林义雄的个人恩怨而引发杀机，这种说法完全得不到民众信任，坊间流言不断，国民党形象更是一落千丈。

两岸重启接触，蒋经国与大陆隔空交往互动

蒋经国在 20 世纪 80 年代所碰到的最巨大的挑战，除了岛内日益勃兴的反对运动、街头抗争之外，恐怕还是来自如何面对已步入邓小平时代的开放中国、如何调适两岸间的新关系与互动。

1978 年 12 月 16 日，国防部部长徐向前宣布停止自 1958 年起“单打双不打”的金马炮击。1979 年 1 月 1 日，人大常务委员会发表第五次的《告台湾同胞书》，提出统一中国、结束分裂局面，开放两岸三通、恢复两岸交流等主张，并拟以和平方式解决台湾问题来取代原有的“解放台湾”口号，一个全新的两岸形势显然已经逐渐成形。因此，是否在台美“断交”后重新与对岸修好，因应新一波的和平攻势，成了国民党的棘手难题。

为稳住形势，国民党定位中共高层的喊话是“和平统一”的攻势。蒋经国出面强调，“台湾不论在任何情况下绝对不与中共政权交涉，这个立场绝不会变更”，随后借着中常会的机会，宣布“不接触、不谈判、不妥协”的“三不政策”，成为国民党未来10年的政策基调。

此时，国民党元勋廖仲恺之子廖承志发布了一封给蒋经国的公开信，以“经国吾弟”开首，先问候他是否“政躬违和”，盼“善自珍摄”，并以世交身份，对蒋经国所提“三不政策”“期期以为不可”。廖承志在信中重提国共第三次合作，也透露如有可能，他愿亲自来台，希望“度尽劫波兄弟在，相逢一笑泯恩仇”，还在结尾处问候了宋美龄。

此信一出，立即引起台湾方面的高度重视。在反复推敲之后，蒋经国决定不由他个人回复此函。而是通过钱复，向美方转达此份电报信息，表态台方将对此置之不理，同时拒绝廖承志来台。随后拜托身居海外的宋美龄，以长辈身份响应“承志世侄”，提及是否记得蒋先生两次释放之恩，更反劝廖早日“翻然来归，以承父志”。

表面看来，蒋经国对廖承志的问候似乎毫不领情，但从来往信函脉络来看，却又不排除故交旧情，未彻底断绝交往互动之可能。台湾“行政院”院长孙运璇还借着回答美联社记者提问的机会，声明国民党已经放弃反攻大陆政策，且“从不认为可以用武力解决问题”。再次显示，所谓“三不政策”并非是如过往般铁板一块。

蒋经国其实很清楚，两岸商界经贸互动已陆续展开，许多在台湾苦守几十年的外省人，常借美国、香港中转，与中国大陆亲友通信，偷偷回乡。他要求在党内成立一个高级小组，针对两岸政治攻防与谋略进行研究，提交预案。

蒋经国把这个任务交给了王升，王先是成立“固‘国’小组”，之后将其改组为“刘少康办公室”。其主要任务是研究灵活、有创意的政战攻势，意图加强台湾民间对大陆的心防，也强化台湾经验对大陆人士或海外人士的可信度，以因应中共对台统一战线攻势。

从对岸的反应来看，邓小平并未对“三不政策”与初期接触触礁有太多反应，而是持续向蒋经国示好，通过胡耀邦等人希望蒋经国回大陆看看，由全国人大常委会委员长叶剑英发表关于中国统一的九项和平原则，将“一国两制”入宪，派员修缮蒋家奉化故居、祖坟，为两岸互动创造了新的格局与变量。

形势比人强，许多国民党掌控的媒体纷纷通过改革派学者，释放两岸最终将走向和平统一的基调，同时呼吁国民党应速开放通邮与旅游等人道层面关怀，化解许多人数十年的怀乡之苦；也有学者开始鼓吹台湾应逐步开放两岸间接贸易，或将台湾农业发展经验提供给中国大陆。不少党外人士批评“三不政策”过于保守被动。

蒋经国欲拒还迎的两岸政策早出现松动迹象，当孙运璇“高谈台湾不怕谈判，但绝不因害怕而谈判”或“两岸关于自由开放差距缩小，和平统一条件就会水到渠成”时，两岸恢复互动的灯号已然开始闪动。

王升的殒落与李登辉的登台

各种变量陆续复杂化，蒋经国虽强调将坚持民主宪政，排除军事统治的可能性，但他的身体不堪负荷，逐渐形成重大危机。

失眠是蒋经国的老毛病，蒋孝武曾建议注射少许镇定剂帮助蒋经国入眠，但很快就不见效了。加上蒋经国根本找不出时间休息，问题就越来越严重，眼疾、糖尿病等症状恶化，出现脚无力、行动不便、中气不足等问题，更短暂卧病、不良于行，重要决策已渐改在七海官邸下达。为了预防蒋经国健康突然恶化，国民党一度还成立由秘书长蒋彦士召集的八人小组，做好集体领导的准备。

蒋经国顾及病情，曾考虑不再连任。消息传来，接班问题格外敏感。除政务、党务精英，衔蒋经国之命执掌统战工作的王升声势惊人，大有水落石出之意。

王升执掌的刘少康办公室，开始仅是幕僚单位，先提出执行构想，再经秘书长蒋彦士与“行政院”院长孙运璇认可后，送交蒋经国核定实施。但王升几乎把所有精力都放在了这个新成立的层峰单位，把办公室设在军方政战系统所掌控的黎明文化公司。

靠着王升与蒋经国间密切的师生之谊，很快刘少康办公室就成了政坛“当红炸子鸡”，声势越来越大，竟成为执掌反情报、重要政策与政战攻势的统合单位，甚至可以挟天子以令诸侯，一时权倾朝野，被戏称为国民党“地下中央党部”。王升权力大到可以召集部会副首长固定开会。王升的高调让日渐自由的台湾社会与党国大佬顿起质疑。在这关头，美国又突然邀约王升访美，对蒋经国而言，这无疑透露了新的不利信息。

王升在访美前特地前往七海官邸向蒋经国报告，蒋经国只轻描淡写地问他美国人为何安排出访行程，也指示王升无须婉拒。没想到王升风光地自美返台后，蒋经国再度在七海召见他，明确抨击刘少康办公室已经成为党内派系、新的领导系统，随即裁撤刘少康办公室，王升也跟着被撤职，转任联合作战训练部这个冷衙门的主任。

据当时担任“参谋总长”的郝柏村记载，蒋经国在七海召见他，询问王升是否在政战学校演讲时提及“杀掉一个王升，还有千千万万个王升”等话语，劝王升要守本分，“否则将有不好的后果”。郝柏村称其仅提及“王升是打不倒的”，蒋经国仍严斥类似谈话相当不得体。

王升又被流放到与台湾隔着半个地球远的巴拉圭当“大使”，再也无从回到政坛。王升垮台后，台湾情治部门面临全新冲击；郝柏村继而被重用，挤上台湾军事工作第一把交椅，成为蒋经国晚期执掌军务的枢纽。王升遗留的“总政战部”主任之职则由军旅出身的将领许历农接任。

1984 年，蒋经国任期将满，依惯例须由国民党推举新一届候选人。2 月 15 日，国民党召开十二届二中全会，蒋经国相当意外地宣布将与来自学界的台籍精英李登辉搭档参选。李登辉历经台北市、台湾省与政务委员历练，被蒋经国肯定为兼顾学术与民意沟通的中生代人才，不但对农业有独到的见解，还曾多次主动驳斥“台独”主张。李年轻时曾加入中共组织，但显然蒋经国对此并不在意。

蒋经国左右手、“行政院”院长孙运璇不但与副手职位擦身而过，还突然中风病倒，虽抢救回来，但已半身不遂。这个突发事件改变了国民党内敏感的权力关系，打乱了蒋经国接班部署，甚至改写了台湾历史。

为了布局接班，蒋经国稍后任命台湾财经界掌舵人物、与宋美龄关系密切的奉化同乡俞国华担任“行政院”院长。相对地，除了已经在党务系统站稳脚跟的宋楚瑜、马英九之外，包括钱复、施启扬、吴伯雄、章孝严等年轻精英也被大量延揽入阁。台籍中常委比例提升到将近四成。外界也注意到，随着王升被流放，原先在高雄“中山大学”担任校长的李焕，重新回到了内阁出任“教育部”部长。

江南案让蒋经国既生气又伤心，成为他心中之痛

至于蒋经国的三个儿子，除蒋孝文卧病在床，蒋孝勇与商业关系密切外，外界普遍看好蒋孝武的发展。蒋孝武虽然个性冲动、独断专行，婚姻问题让蒋经国伤透脑筋，但历经退辅会与党营文化传播事业历练，他在政坛的发展仍颇被看好，更有人说他对情治系统着力颇深。

当时不乏有人企图拉拢蒋孝武，希望搭上“太子”接班快车。蒋孝勇曾证实，王升的刘少康办公室就曾试图利用其与蒋孝武的这层关系。外界也纷纷传言，蒋孝武拥有“国家安全会议”副秘书长的头衔，这也是过去

蒋经国曾做过的职务，但最后证明不过是误传，蒋孝武并未有任何政务头衔，但他的实质影响力仍颇为可观。

章孝严在自传中指称，当时他的弟弟章孝慈在台湾学界崭露头角，经常上媒体受访，私生子风波慢慢浮上台面，因此被蒋孝武执掌的“中广”封杀。据说这是因为蒋孝武认为两个外姓兄弟让他母亲蒋方良颇为难堪。传说还曾影响到章孝严在“外交”系统内的升迁。

就在此刻，爆发了震惊海外的江南案。1984 年 10 月 15 日，笔名“江南”的刘宜良在美国旧金山湾区德利市家中，遭竹联帮成员陈启礼、吴敦和董桂森枪杀身亡。媒体随即传出，因为出身政工干校的江南，离台后长期批判两蒋与国民党，加上他计划出版《蒋经国传》，并即将执笔《吴国桢传》，引发台湾当局不满，所以赴美执行“锄奸计划”，予以暗杀。

案发后，美方已掌握陈启礼等人的涉案证据，通过电话监听发觉陈启礼与台湾官方有所联系。陈启礼逃回台湾后不久，于 11 月 12 日因台湾执行“一清项目”扫黑而遭逮捕；他也供称自己是情治单位工作人员，江南案系执行任务，江南案因此迅速升级，愈演愈烈。

事情的变化让台湾当局措手不及，以至于钱复在与美方联络时，仅证实台湾当局已逮捕陈启礼等人，并与江南遭枪击案有关，而未交代陈启礼等人的背景。就在此时，国民党介入之说在美国突然甚嚣尘上，台湾形象受重创不说，蒋纬国更被媒体指称曾与陈启礼等人饮宴，引发美国对台施压。

美国公布对台情治单位监听的电话录音，指称掌握陈启礼拨打回台的电话内容，要求国民党当局须交代案情、交出幕后元凶。虽然蒋经国拒绝了美方要求把涉案元凶交还美国审理的意见，但他也指示台湾“国安”单位立即查办，把侦讯内容提交给美方。

1985 年 1 月 10 日，台湾当局正式证实有情报人员涉案，但强调系情报官员独断专行，非高层授意，并宣布逮捕情报局局长汪希苓等三名官员，

1985年，台北地方法院首次开庭审理刘宜良命案，两名被告陈启礼（右）和吴敦（左）出庭。4月9日，台北地方法院初审判决陈启礼和吴敦以共同杀人罪判无期徒刑。六年之后，两人在两次减刑后，获军法和司法机关假释出狱

军事法庭审理江南案，三名被告人为情报局局长汪希苓（中）、副局长胡仪敏（左），以及第三处副处长陈虎门。

1985年3月20日，台北地方法院首次开庭，依共同杀人及渎职罪名于4月9日判处汪希苓无期徒刑，胡仪敏和陈虎门则各处两年半徒刑。刘宜良的亲友认定这是政府的阴谋论，全世界的特务机构都有一套自己制裁自己内部人的“家规”，江南（刘宜良）其实是受到了这一套“家规”的制裁

交军法审判。汪希苓出身蒋介石侍从室，能力相当强，曾在美负责情报工作，因表现杰出而被调回台北升任情报局局长。他7月间曾在演艺界人士帅岳峰、白景瑞安排下与陈启礼会面，并鼓励他“为台效力”，没想到因此引起如此大的风波。

涉案人员指称，系因江南为台湾情治单位在美吸收的下线，发觉其已变节为两岸的双面间谍，才私自决定以“家规”“教训”制裁。但江南具美国公民身份，美方态度相当强硬，准备循线往上追查，侨界媒体直指此案为政治谋杀。

面对失控的形势，蒋经国在“中常会”痛批官员应酬歪风又起，导致黑道视之为打入政府的手段，要求官员断绝与黑道的往来；指派汪敬煦、沈昌焕、郝柏村等五人组成项目小组；为保住台美军售，同意美国调查小组官员直接接触遭逮捕的陈启礼、汪希苓等人，并对其进行测谎，希望厘清国民党高层涉案争议。

美方派人直接约谈汪希苓，其实就是变相的侦讯，还要求汪希苓说明此事有无向上级报告，宛如宗主国般，只是国民党理不直、气不壮，只能吞了下来。蒋经国的配合，成效依旧相当有限，反而令国民党当局形象不断受挫。台湾“中央研究院”10名院士还联合发表声明，要求蒋经国严惩真凶，否则不惜与国民党当局划清界限。

3月间，陈启礼友人张安乐（白狼）在美公布一份保命录音资料，宣布“蒋孝武就是谋杀江南的元凶”，虽无确切证据，却立即震惊海内外，也让形势越显复杂。

不过此时美方采取冷处理态度，通过渠道征询台湾是否愿意支持美国政策，秘密捐款给尼加拉瓜游击队。此时台湾与尼加拉瓜左派桑定政权还有“外交”关系，国民党随即通过外围组织，捐助了100万美元，获得美方赞许。

江南案速审速决，汪希苓与陈启礼等人被判无期徒刑。当年7月1

日，蒋经国更下令取消涉案的情报局，将其与特情室合并，另组军事情报局，改由负责军政的参谋总长、原八军团司令卢光义指挥，并中止在美情报刺探等秘密工作。刘宜良遗孀崔蓉芝在美控告台湾当局一宜，最后也以获 145 万美元赔偿和解了事。

一如蒋孝勇生前所说，江南案让蒋经国既生气又伤心，成为他心中之痛。蒋孝武虽然矢口否认，辩白自己背了黑锅，但是蒋经国随即把他从“中广”总经理位子上拉下来并调离台北，派往新加坡担任商务代表团副代表，接班成为泡影。

日后汪希苓证实，江南案的确不是蒋孝武下令安排的。张安乐也承认扯出蒋孝武是围魏救赵、担心陈启礼遭灭口的策略运用。但拉下蒋孝武已成既定事实。就在蒋孝武远赴新加坡后，蒋经国于 1986 年 4 月初，同意蒋孝武与第二任妻子蔡惠媚的亲事。两人远在新加坡结成连理，证婚人是驻新代表胡炘，蒋方良代表蒋经国为男方主婚人。历经蒋孝武与汪长诗婚姻风波，这段婚姻对晚年的蒋经国来说，总算是一件喜事。

病情加剧，蒋孝勇崛起

同年，国民党秘书长蒋彦士遭撤换，由年过七旬的马树礼继任。民间传说是蒋经国不满蒋彦士辜负他私下托管蒋孝武，但真正的原因则是爆发了有六万多社员、存款 170 多亿台币的第十信用合作社非法放款倒闭案，导致挤兑人潮、民心动荡，舆论强烈挞伐当局放任政治人物与财团挂钩，在金融管制工作上放水。由于这是蒋经国最深恶痛绝的问题，所以包括蒋彦士在内，“财政部”部长陆润康、“经济部”部长徐立德两名财经首长一律被撤职查办，展现了蒋经国的铁腕依旧。

人事上，蒋经国对故旧根本不留情面，给人莫测高深、伴君如伴虎之感。熊丸曾说，情报来源很多的蒋经国，不知是否受了苏维埃教育影响，城府很深，“没人看得出他心里在想什么”，“大家都想尽量离他越远越好”。蒋孝勇也曾分析，蒋经国笃信“穷人一定不会贪污，孝顺者一定忠顺”，并据此提拔官员，但事后“看来，未必全对”。

1985年，蒋经国因糖尿病宿疾导致末梢神经坏死，不但走路时时常踩空，甚或站立数分钟的体力都无法维持。虽然持续在做复健，但各国情治系统都高度关注蒋经国的健康与接班问题。

好强的蒋经国先是换了手杖，无济于事后才不得已换坐轮椅。七海也重新扩建整修了一次，“国安局”还特地在落地窗后开通一条车道，让车子直达有电梯的书房，让蒋经国免于下楼梯之苦。卧室里则只简单摆设了一张可以升降的单人医疗床以及氧气瓶等一般的急救设备。

1986年4月，蒋经国赴荣总开刀，装上心律调节器。在他的要求下，这个消息正式对民众公开，使得健康传闻甚嚣尘上，也让外界见识到蒋经国晚年的开明作风。只是蒋经国的身体越来越弱，举步维艰，讲话的力气

1987年5月，张群百岁之年，蒋经国亲授中正勋章，以表彰其贡献。
蒋经国自担任“行政院”院长起，便起用青年才干，对父辈老臣亦一如既往地敬重，这是中国自古以来的政治文化。张群自喻为蒋介石的一个“厨子”，蒋介石要什么他说什么，蒋介石说什么他做什么。到了台湾后，蒋介石撤换了许多老臣，但对年逾花甲的张群仍委以重任。作为蒋介石的终身幕僚，张群能够数十年如一日，谦恭有礼，不气不怒，忍辱负重，临危受命，毁誉疑谤均所不计，安危同仗，甘苦共尝，实在深得蒋介石喜欢。也许这也正是张群从政80年来从未受到数落和冷遇，能够长命百岁的奥秘所在

更小。手臂与身躯皮肤紧绷，严重浮肿，这些都是不祥征兆。

虽身体状况不佳，蒋经国却没放弃对政事的操劳，随着病情持续恶化，只好改在七海卧房里批公文；要出席大典，甚至还必须事先一遍遍练习仪式、走路步伐，但已显得力不从心；每周中常会恭读孙逸仙遗训的惯例因此取消。

国民党原为蒋经国出入方便，打算在“中央”党部加设电梯，直达中常会三楼会议室，但因蒋经国觉得太花钱，最后只好把会场改在附近的台北宾馆。蒋经国这几年间主持大规模仪典，也都靠着花束屏障，不让外界看到他其实是坐在一张高椅上主持阅兵。

少了远走海外的蒋孝武，加上无法信任情治机关，蒋孝勇开始崭露头角。当时除星期三和星期六蒋孝勇会到七海陪蒋经国夫妇吃午餐外，每周二、周五晚间也会到官邸陪蒋经国聊天。蒋经国有事不时召见交办，甚至晚间失眠还会召见蒋孝勇，因此蒋孝勇虽然不过是党营事业中兴电工负责人，但他除了七海事务外，更协助蒋经国分析政情，成为蒋经国与外界联系的窗口、蒋经国的代言人。

据章孝严回忆，当时受命“出使”美国的钱复，托他向蒋孝勇要一部私人电话供紧急联系，蒋孝勇只给了钱复一个许多人都知道的长途专线，等于应付了事。

病体欠安的蒋经国大幅减少了外出办公的行程，诸多重臣都是直接到七海官邸向蒋经国报告政务，或是由蒋孝勇持公文直接到官邸请示。但为安人心，蒋经国的座驾每天还是从寓所开出，让民众觉得他还是在如常处理政务。

“今天不做，明天就会后悔。”

1972 年蒋经国接任“行政院”院长后，开启了 16 年的“经国之治”。此年到 1988 年，成为台湾发展的关键时期。蒋主导擘画十大建设，带领台湾成为“亚洲四小龙”，每人平均所得从 400 美元增加到超过 6000 美元，缔造了举世闻名的经济奇迹。马英九在回忆文章中称“经国先生担任‘行政院长’6 年最重要的工作就是推动十大建设，他曾说过一句名言：‘我们今天不做，明天就会后悔。’”而这句话就是蒋经国推动这些计划的一个基本动力。

第十三卷　结束蒋家党天下

- 蒋经国宣示，没有意愿让他之后的蒋家人出任台湾地区领导人

- 蒋经国裁定现时两岸接触“还不是时候”

- 开放百万老兵大探亲揭秘

“今后，只有民族和三民主义的万岁，没有个人的万岁。政府在哪里，法统就在哪里。”1984年，以74岁高龄再度连任后，蒋经国勇敢地走上了一条告别权力垄断的道路。他承认：我知道我是专制者，但我会是最后一位——我以专制来结束专制

蒋经国的办公室。

“权柄，很容易去用它。难的是，什么时候不去用它。三十八年的‘戒严令’是国民党的恶名与黑包袱，一定要想法解除与开放，否则永不安宁。”蒋经国自述

第十三卷

结束蒋家党天下

蒋经国宣示，没有意愿让他之后的蒋家人出任台湾地区领导人

了解身体出了大状况，蒋经国展开了他晚年最大的冒险——结束蒋家党天下与台湾军事“戒严”。20 世纪 80 年代，经济开放，社会力勃兴，虽然军方还有影响力，但台湾社会与西方定义的军事戒严有着很大差距，在国际宣传上始终居于劣势，江南案后受到的冲击更是严重。

但要解决这些政治问题，也不是蒋经国说了算的，国民党内外压力不断，纷纷要求蒋经国慎重考虑。党外人士与街头运动失序演出，让反对者不断找到借口，通过郝柏村、宋楚瑜等人反映忧虑。蒋经国只能借七海官邸非正式谈话方式，安抚这些党内反对势力。

当时台湾请愿抗议之风已起，七海官邸成为党外人士请愿必到之地，加上东南亚屡发生政治暗杀或自杀攻击案件，警卫队除了在官邸四周加装拒马（拦阻人马通行的木栅），还在官邸最后一道防线安置了一辆大型卡车，由一名军官、四名卫士携枪戒护，以策安全。

病中的蒋经国清楚，随着时代的改变，以及台湾内部民间势力的扩张，国民党一党独大的时刻已经过去，如不尽速改革、争取民心，不但台湾将形势大乱，在两岸关系上落居弱势，岛内的冲突激化的后果更极可能是沦为落后地区，族群仇恨对立的模式当然更非任何人所能承担。因此他决定

◀1987 年，一名退伍老兵抗议“战士授田证”形同废纸，拿着蒋介石的遗像参加示威活动

在有生之年，以威权的方式拆除威权统治这条引线，让台湾朝多党民主而不是流血冲突的方向走；同时更要让国民党内的保守派了解，在他的掌舵之下，没有人可以逆转这个开放的方向，亦即过去一党独占所有资源与优势的时代，已然彻底消逝了。

1985 年 8 月，蒋经国对美国《时代》周刊宣示，没有意愿让他之后的蒋家人出任台湾地区领导人，立刻引发震撼。事实上，除蒋孝武、蒋孝勇外，甚至与他不对盘的弟弟蒋纬国，都被外界认为有一定实力，但蒋经国等于宣示终结了蒋家持续“执政”的梦想。当年年底的“国民大会”演讲他再度宣示台湾不可能军人干政，蒋家人“不能也不会”竞选台湾地区领导人。

蒋经国的这一刀，来得又急又猛。无疑地，他借此释放的信号，是向国民党与亲近宋美龄的官邸派喊话，未来不会再有蒋家人领导，所以不但政治上要走向多党民主，国民党内如何通过集体领导机制，统合派系意见，已经是当务之急，同时党内青壮派的精英才是未来国民党的中坚力量，而不是如今掌控党内权柄的大佬。

随后在蒋经国指示下，国民党在十二届三中全会补入李焕、吴伯雄、陈履安、施启扬这四名平均 54 岁的青壮派人士进入中常会，筹组 12 人小

1982 年，蒋经国在春节前夕向全台同胞发表讲话，由“新闻局长”宋楚瑜（左）等幕僚协助安排电视录像。
宋楚瑜为国民党将领宋达的儿子，美国哥伦比亚大学政治学博士，由蒋经国提拔为第二任英文秘书，历任“新闻局长”、国民党秘书长、台湾省第一任“民选省长”等职务，是蒋经国晚年的主要幕僚之一。他虽然被公认是政治能力、群众魅力强大的“蒋经国第二”，有望成为一线的政治人物，却在诡谲政波中一再遭受挫折

组，由严家淦负责召集，研究解严、开放党禁、开放探亲等大政方针。蒋经国还要求把解严与开放新组党问题列为优先事项。

当时在台湾，谈到组党还几乎是杀头造反之事，但是民进党的地方势力越来越雄厚，所谓党外的招牌与联合竞选的行动，也已经等同于组党。蒋经国看到了许多人都无法预料到的未来，以自己的影响力，默许了台湾政治往多党的方向发展，这种大胆的实验，其实是在挑战国民党统治的稳定性，因此引发党内高度关注。

在蒋经国的盘算中，与其让国民党慢慢地因为拖延改革而失掉民心，倒不如一次到位，以开放的态度争取主动，通过民主选举巩固支持国民党的统治基础。事实上，随国民党赴台的外省籍人士日渐凋零，台湾人与生长在台湾的外省第二代，已经没有了当年外省族群赴台逃难的危机感，国民党也的确到了非变不可的关头。

1986 年 9 月 28 日，民进党人士在圆山饭店宣布组党，这是一场擦枪走火的政治实验。许多民进党人也承认，其实在事前筹备阶段，蒋经国与国民党已掌握部分信息，所以不是每个人都支持把事情搞这么大，毕竟国民党过去有镇压知识分子的前科，放弃了擦边球的挑战模式，政治情况可能急转直下，后果极其严重。

果不其然，国民党内立刻要求严办，军方已准备名单抓人。蒋经国闻讯后，独自思考半个小时，要求党政要员到七海开会。他坐着轮椅与会，做了"时代在变、环境在变、潮流在变"的指示，强调国民党过去心态"太老大"，必须跟上时代，当场否决取缔镇压的建议，强调抓人解决不了问题，需要"避免冲突、冷静处理"，同时坚持推动开放组党的立场不变。

民进党宣布成立第二日，国民党高层召开紧急会议，在蒋经国拍板下，许多大佬会中提出的高压应变手段并没有通过。蒋经国的"维新路线"引发许多大佬不满，他们甚至在背后抱怨蒋经国太过软弱、"不生气"。蒋经国听到幕僚汇报、转达党内批评声音后只说："他们还在抱怨？好好对待他们，但是要坚定。”蒋称在这关键时刻，“不能盲目冲动、意气用事”。

对蒋经国来说，推行政治民主化，是国民党“向历史交代”。换言之，除了他自己的信仰与历史定位外，也有退此一步，国民党再无死所的危机感，他感受到了不得不为之的沉重压力。蒋经国虽然看起来底气十足，但他的秘书王家骅则回忆，蒋经国在民进党组党后隔日，邀集大佬说明立场后，虽然劝大家“小不忍则乱大谋”，但返回七海官邸用餐时，蒋经国叫来王家骅，问他：“你以一个党员的身份告诉我，我白天的决定，对党、对‘国’好不好？”

既然已经决定在民主改革与党禁开放问题上采取积极支持态度，蒋经国也决定，善用国际宣传攻势，争取美国民间的认同，把国民党决定开放的信息予以效益极大化。1986年10月7日，蒋经国在接见美国《华盛顿邮报》发行人葛兰姆夫人时，抛出台湾“会在完成‘国家’法令修订后，宣布解除‘戒严’，开放组党”的重要信息，宣告长达数十年的“戒严令”即将失效，国民党不再依靠军事高压手段统治，改采民主选举的方式维系统治正当性。他解释，即使民进党未必承认“宪法”，但只要不从事任何分离运动，即“台独”运动，“我们将容许成立新政党”。

蒋经国宣示开放党禁之后，在党内各个场合不断强调，国民党面对新局势，必须采取新做法，更开放、更沉着冷静。尤其面对李焕向他报告12人小组对解严的正反意见时，蒋经国指示：“‘戒严’已近40年，台湾同胞能够容忍，已经不容易了，我们应该有所改革才对。”

蒋经国裁定现时两岸接触“还不是时候”

就在这个关头，宋美龄结束十年六个月的在美停留，回到台湾参加蒋介石百岁冥诞，一向节俭的蒋经国为了让宋美龄满意，还由蒋孝勇出面，

20世纪80年代后期，蒋经国亲自授勋李登辉，李登辉恭敬肃立。
1984年，蒋李二人就任台湾地区第七届领导人。蒋经国身体堪忧，为布局接班，将宋楚瑜、马英九、钱复、施启扬、吴伯雄、章孝严等年轻精英大量延揽入阁，台籍中常委比例也提升到将近四成。而李登辉上任后极力鼓吹“台独”

蒋经国与副手李登辉握手致意。
基于多年情治工作，蒋经国用人，一贯是先经过审慎调查，历经多方评估后才起用。蒋经国对李登辉早年的政治背景和人际网络做过十分翔实、深刻的了解，曾因涉入台共案而饱受白色恐怖震吓的李登辉对蒋经国用人想必有深刻的体认。因此，刚从政坛冒出头的李登辉自是战战兢兢，戮力从公，希望从蒋经国的喜怒不形于色中，揣摩其真实用意

李登辉试驾“经国”号战机。
台湾自制研发的 IDF“经国”号战机，由汉翔公司生产，1988 年出厂后，由李登辉命名为“经国”号，并于 1997 年在新竹成立第一支联队。如今汉翔生产的 131 架 IDF，成为台湾空军二代战机的主力之一

动用了 2000 万台币全面整修士林官邸。

原本各界预料宋美龄停留时间不会太久，孰料她却决定长住，更一度发表文章《我将再起》，批判反对人士提倡的是“速溶式民主”，让外界认为宋美龄在后蒋经国时代，似有复出并为保守派护航的打算。

党外人士采取更激烈的街头抗争手法，焚毁国旗、国民党党旗，称蒋经国或外省人为猪仔；甚至被列入黑名单不得返台的许信良还多次冲撞国民党防线，光明正大地企图入境，给国民党制造压力，虽未成功，但通过“台独”与省籍问题的炒作，使一次次群众抗议活动规模越来越大。

面对来自党内外的挑战，卧病在床的蒋经国努力保持平衡，维持政局和谐。对党外，他要求加强沟通，避免擦枪走火；对党内大佬的质疑，他则通过官邸密谈或心腹慰问，希望取得谅解；针对“台独”分裂分子的质疑，蒋经国借着与他 12 位民间友人聚会的场合宣示：“我在台湾住了 40 年，是台湾人，当然也是中国人。”

另一方面，两岸互动也已到了水到渠成的时刻。虽然官方依旧抱持“三不”立场，但是两岸民间互动，乃至于体育活动的交流，都在顺利推

1986 年，李光耀会见蒋经国。

岛内接班人问题逐渐明朗，蒋经国认为与大陆的对话应该提上日程了，强烈的使命感使他不得不这样做。沟通必须有合适的信息传递者，这个人选应该不带任何一方的政治色彩，又能为双方所共同接受。最终新加坡总理李光耀成了大陆与台湾双方认可的人选。新加坡是华人国家，当时与两岸均无“外交”关系，而李光耀则是唯一可以穿梭往来于两岸的国家领袖。自 1976 年起，李光耀就不断往来于北京和台北之间，为邓小平与蒋经国两位昔日同窗传话

动中，只是官方依旧扮演防火阀的角色。直到 1986 年 5 月，“中华航空”机长王锡爵劫机事件让国民党刻意维护的动态平衡出现了崩解点。

王锡爵曾驾驶 U2 侦察机赴大陆侦察，因此属于台湾等级相当高的战斗英雄。他退伍后进入“中华航空”任职，担任机长职务。当时“中华航空”共有两架波音 747 货机，王锡爵驾驶的这班，原定 5 月 3 日从新加坡飞曼谷、香港后，再飞回台北并转飞美国，但经过香港时，王锡爵借口演习而将机上其他副驾驶、工程师制伏，随后飞往广州白云机场降落。

飞机着陆当天，大陆以民航局名义致电“中华航空”，邀请尽快派人到北京商谈。因所谓“三不政策”，“中华航空”开始委托国泰航空居中协调人机交还事宜，但因北京强调争议系属民航公司间业务性商谈，不涉及政治问题，所以不许第三者介入。台湾当局几经衡量后，决定由“中华航空”赴香港展开谈判。

谈判过程中，双方都同意应速归还机上其他两名成员及“中华航空”货机，但“中华航空”不同意自行派员到广州交接，因此暂无结果。最后经四轮磋商，才在 5 月 20 日达成协议，货机于 5 月 23 日由中国民航机长李长幸驾驶，从广州飞往香港启德机场降落，交接后人机返回台北。

由于必须处理人机交还事宜，两岸实质上已经由双方“国营”的航空公司展开谈判，所谓“不接触”的要求自然已经破功。但双方接触谈判的并非官方代表，且是在香港举行，因此也留了个台阶下。蒋经国随后也因此同意郝柏村的提法，指所谓的“三不政策”，其实集中在政府与政治层面，民间交流则维持不回避、不退让。

随着“三不”禁令逐渐放松，延续孙运璇自 20 世纪 80 年代初就开始推动的政策立场，接任“经济部”部长的赵耀东也认为，开放与大陆贸易的时机已经成熟。事实上，此时新加坡总理李光耀已经穿梭在邓小平与蒋经国之间，成为两岸私下沟通的密使。他曾替邓小平——这位蒋经国年轻时期的同学——带来直接的问候，只不过外界对此不得而知，蒋经国此时也仅是“不置可否”。

邓小平的传话，也不仅限于李光耀，他还借着宴请严家淦的女婿、旅美学人冷绍荃的机会，表达只要李焕愿意，中共方面愿意派杨尚昆出面晤谈，时间、地点任定。事后李焕报告蒋经国这个两岸高层互动的构想，蒋经国沉思了两天，还是裁定现在“还不是时候”。

开放百万老兵大探亲揭秘

蒋经国虽然即将把两岸关系带往更开放的方向，但他最苦恼的问题，还是几十万跟着蒋介石来台的退伍老兵问题。这批人是蒋经国最忠贞的支持者，蒋经国也通过退辅会，为这批老兵的生老病死都做了安排，只是因为两岸民间几十年的隔离，老兵无法返乡，但对故乡与亲人的思念与亲情连带，是什么东西也挡不住的。

1987 年 5 月，“外省人返乡探亲促进会”正式成立，直接挑战国民党权威，把两岸长期隔阂的不满化为组织力量。促进会成员身穿写着“想家”的上衣，在街头发送“骨肉隔绝四十年”的传单，每举办座谈会都有几千人与会，现场悲戚莫名，获得社会普遍认同与舆论支持。国民党借“立委”赵少康在“立法院”质询时，建议尽速开放老兵赴大陆探亲。

大批老兵由于对政府推托极不满意，开始走上街头，不但举办数万人集会，更聚集在退辅会门口，和安全人员发生肢体冲撞，造成相当大的震动。看着这批与他出生入死的老部属晚景凄凉，蒋经国无限感慨，他屡次要求退辅会主动关心退伍老兵的需求，禁止采取武力驱离的方式对付这些老兵。但也因此，从“行政院”到退辅会各“中央”机关，不时可见这批老兵戴着白布条静坐抗议、流泪哭诉的画面。

种种信号都提醒蒋经国必须尽速帮这批人找到出路，国民党既然没办法带着老兵打回大陆去，蒋经国的责任也就是在他有生之年，实现返乡探亲的目标，化解这批离乡者的怨念。他曾对蒋孝勇说，老兵走上街头，是国民党没有把问题处理好，是他对不起这批退伍老兵。

对国民党而言，开放返乡探亲等于打破几十年的藩篱与心防，不要说“三不政策”，面对中国大陆逐渐壮大，蒋经国就是力持守势都显得吃力，因此蒋经国与其所属幕僚始终抱持着戒慎恐惧的心情，从台湾安全角度希望妥善处理这个争议。是以蒋经国虽曾指派马树礼研究此一提议，但这个项目小组最后的结论却大出蒋经国的意料，他们竟然建议反对开放，充其量准出不准进，条件限制从严，而这个建议主张也的确符合国民党内许多当权的保守派的意见。

这个项目小组显然轻忽了蒋经国大手笔开放的企图心与迫切心，他以各种公开或非公开方式，表示对项目小组做出这样的结论感到相当不满，根本违反了大部分台湾民众的期待。蒋经国公开地说，老兵思念故乡是人之常情，国民党对开放大陆探亲应“乐观其成”，不必添加限制条件，以尽量放宽为原则，才能收到号召效果。蒋经国甚至无限凄凉地自嘲，许多老兵的过激反应，甚至加入党外活动，还是因为国民党政府“亏欠了他们，才会有这样的态度”。

晚境中的蒋经国，希望尽速解决探亲问题，除了历史使命感之外，还有种时不我与的深切紧张。他对自己身体健康情形的悲观，也让他觉得时间所剩无多。为确保开放路线彻底落实，蒋经国只能用更直接的方式，忠实地传递并执行自己的意志。随后，蒋经国立即更替其他研拟方案人选，直接指派党内年轻精英、曾任他私人秘书的马英九，联系副秘书长、文胆张祖诒，研究开放探亲的“可行性方案”。他的指示很明确，就是基于人道精神，立即规划开放民众赴大陆探亲。

马英九引用了左传《郑伯克段于鄢》的典故——郑庄公放逐其母姜氏，郑国大夫颍考叔挖掘地下通道，符合郑庄公“九泉之下始得重见”的誓言，促成郑庄公与母亲重逢的亲情故事，将开放探亲方案取名为“颖考项目”。

据马英九追忆，为了保密，这份报告是手写的，不敢打字，不但呈报前没有任何人看过，而且做完就放进铁柜里深锁，只有他一个人知道。之后马英九于6月4日以公文方式，将《民众往返大陆探亲问题之研析》报告正式提交蒋经国签呈，这就是开放探亲政策的腹案。

1987年7月1日，蒋经国宣布解严，起用李焕出掌秘书长。李焕历练丰富，又是蒋经国的长期心腹，各界都看得出来蒋经国企图最后一搏的用心。他要求李焕必须落实“政治要民主、国民党要改革、两岸要统一”三项重要任务。尤其在两岸统一上，蒋经国要求采取主动，因为两岸若不统一，台湾恐怕越来越难独立存在。

李焕接任国民党秘书长后，蒋经国交办研拟的开放大陆探亲政策，终于顺利地被排上党内讨论议程表。蒋经国指派李登辉主持项目小组讨论。当时国民党内意见分歧的关键在于开放探亲到底是普遍开放两岸民间交往互动还是仅局限在探亲行为上。

显然，李焕的态度较先前国民党高层更为积极。他主张，两岸官方关系虽仍坚持“三不政策”，但民间则可开放接触，加强交流，也就是马英九在研析报告中所提的，开放台湾民众赴大陆探亲其实是以台湾经济繁荣、政治民主、文化进步向大陆展开“政治反攻”。

李焕还公开宣称：“这种政治反攻，绝对不是要取代大陆上的中共政权，而是要促进大陆的政治民主、新闻自由、经济开放，使中国……成为民主自由的现代化国家。”

1987年9月16日，继当年7月台湾宣布正式解严、开放党禁之后，蒋经国在国民党中常会上宣布将开放大陆探亲，打破台海冷战僵局，开启两岸交流之门。同时根据蒋经国的构想，开放探亲是人道措施，属于民间私人行为，“三不政策”没有任何改变，基本政策亦不变。

1987年10月15日，台湾由时任“内政部”部长的吴伯雄正式宣布开放探亲，由台湾红十字会负责后续登记事宜。除现役军人及现任公职人

1987 年，外省人返乡探亲促进会会长何文德抗议国民党不准老兵返乡探亲的政策，称此政策违反人道，制造悲剧。

蒋经国即将把两岸关系推往开放的新平台之时，最令他苦恼的问题是几十万跟着蒋介石来台的退伍老兵。这批人是蒋经国最忠贞的支持者，虽然蒋经国通过退辅会妥善安排了他们的生老病死，但思乡之情不断，亦带来巨大的压力。1987 年 5 月，对两岸长期隔阂不断不满的人形成组织力量，成立“外省人返乡探亲促进会”。促进会成员穿着写有“想家”的上衣，在街头分发“骨肉隔绝四十年”的传单，座谈会现场悲戚莫名，社会为之动容

1987 年有关大陆探亲的演讲会中拥进了大批的退伍老兵，暌别近 40 年的故土亲人，终于即将得以重逢。

老兵终可以达成返乡的心愿，但是两岸毕竟隔绝了 40 年，人、事、景、物不复当年，思乡之苦既解，然现实问题亦接踵而至。有些老兵在台湾又娶妻生子，返乡之后与大陆原配关系出现法律问题；一些老兵身无财产，遭遇家乡人的冷落；还有一些老兵有未了的家乡恩怨。总之时光斗转星移，绝大部分老兵仍决定留在住了 40 年的台湾，毕竟他们在这里度过了大半的时光员外，凡在大陆有血亲、姻亲三亲等以内之亲属者，可登记赴大陆探亲，一年一次，一次三个月。同一天，《人民日报》刊登中国国务院有关方面谈话，强调热烈欢迎台湾同胞到祖国大陆探亲旅游，保证来去自由，大陆方面将尽力提供方便，给予照顾。

11 月 2 日，台湾红十字会开始开放探亲登记，预定当天上午 9 时开始登记，但凌晨就已人山人海，第一天登记人数即高达 1334 人，开放后前六个月，登记人数更高达 14 万，足见民间期待交流之心切。

为化解大批老兵动辄聚集在“行政院”等单位抗争的窘境，蒋经国把军中资历完整、相当受赏识的“总政战部”主任许历农调任退辅会主委，希望通过许历农的影响力及执行力化解争端。

只是陆续解严、开放党禁与大陆探亲，还主动鼓励大陆时期中央“民代”自愿退职方案，大佬纷纷抱怨李焕上台后，根本是在取消“反攻政策”。对此，蒋经国只说：“民众有权要共产党、国民党还是其他政党来领导政府。”

第十四卷　我能忍，你们不能忍吗？

- 党内大佬重提恢复管制与“戒严”，蒋经国仅淡淡地回应：“我能忍，你们不能忍吗？”
- 蒋经国逝世，余波荡漾
- 移灵头寮
- 奉安大陆争议
- 蒋方良寂寞向晚
- 蒋经国自警

▶ 蒋纬国注视着蒋经国认真练习书法

蒋公自蒋经国孩童时期起就十分注重其习字。家信往来，习文练字的教诲所占比重颇多。蒋公引用曾文正公言：“‘办事、读书、写字，皆要眼到、心到、口到、手到、耳到。’此言做事时，眼、心、口、手、耳五者，皆要齐来，专心一志，方能做好。凡读书写字，皆应当作办事看也。”经国一生铭记父诲，晚年亦常习书法。作为岛内的大人物，的确需要写得一手与之身份相符的精彩书法

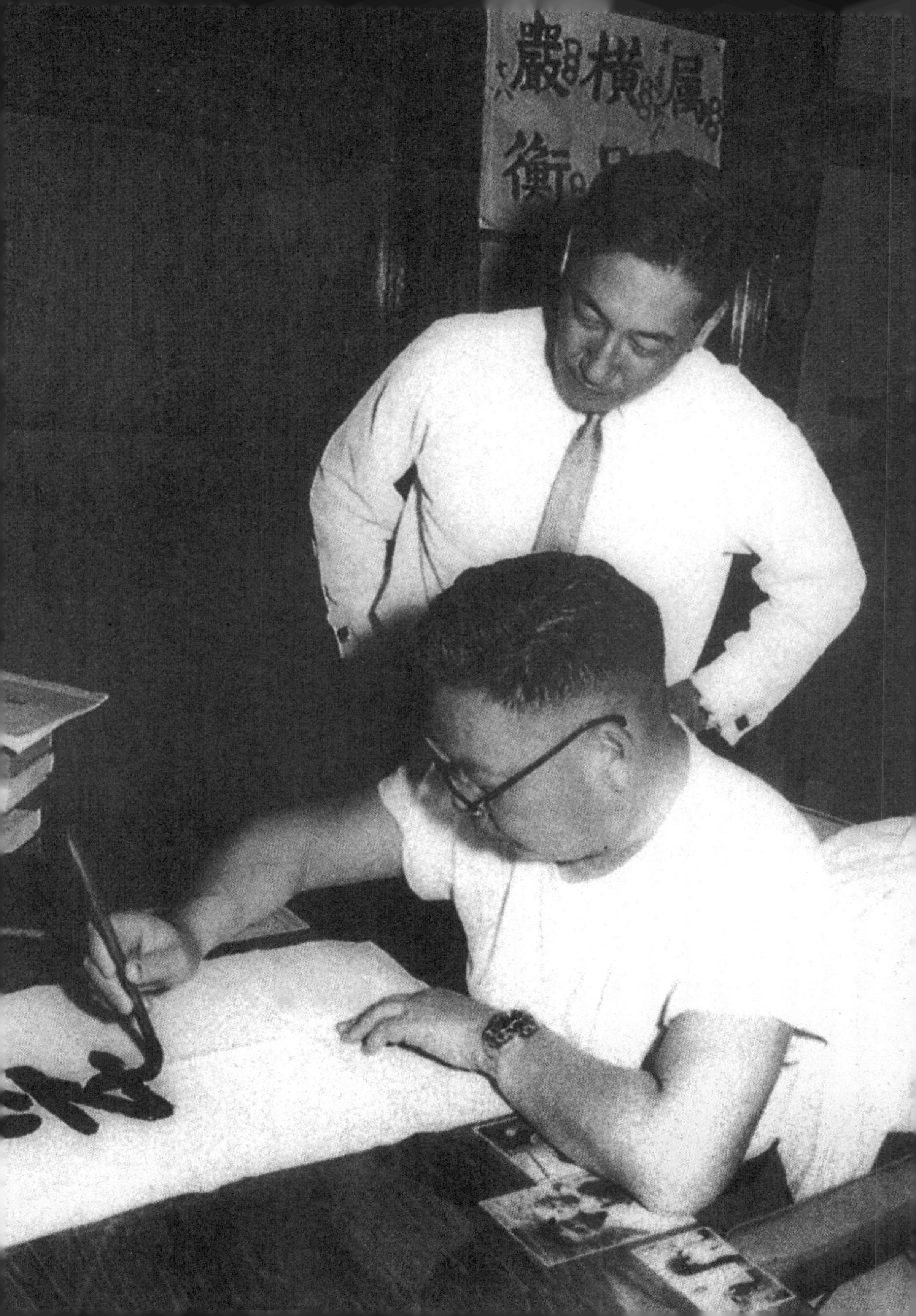

1985 年 3 月 15 日，蒋经国夫妇在家中合影。
这两位慈祥而富态的老人，相携走过苏联的冰霜岁月和炮火纷飞，又辗转经历台湾的起起落落，人老情弥坚，充满着“少年夫妻老来伴”的情谊

◀ 摄于 20 世纪 80 年代的全家福。前排是蒋经国夫妇和孙子、孙女，后方是蒋孝武（中）、蒋孝勇（右）和孝勇的妻子方智怡（左），右一男孩为蒋友柏。方智怡的父亲是前公路局副局长方恩绪。蒋孝勇在 1997 年过世之前，把蒋经国的日记交给妻子，方智怡究竟什么时候会公开日记，一直是外界关心的话题。据闻，蒋经国生前向孝勇表示，等自己死后 15 年再公布日记，才能使大家更对他感到怀念与肯定。2004 年 12 月，蒋介石和蒋经国父子的日记远赴重洋到了美国，交由斯坦福大学胡佛研究所“暂存”。蒋方智怡提出一个条件——日记是“元首”的日记，不可能永远给任何一个组织或者机构，只能暂存在胡佛（研究所），时间期限原则上是 50 年。在 50 年之内，任何时间，只要在中国的领土上任何一个地方有能力保存，我们就愿意把日记带回去，放回中国的土地上。但直至今日，蒋家后人仍为日记公布与否而纠结

1988 年 1 月 13 日，蒋经国去世。自此，蒋氏父子对台湾的 40 年家族统治告终，后继无人。青年时代的蒋经国远赴苏联，受到赤色风潮的浸染。青年回国，追随父辈的脚步，直至退守台湾。为巩固蒋家王朝在台湾的根基，又执行严酷的高压统治，化身人见人惧的特务魔头。晚年的蒋经国，开放报禁、党禁，终致力于台湾民主进程的推动。终其一生，功过是非难以盖棺论定

1988 年 1 月 13 日，蒋经国远离人世。在典礼中，蒋方良过于悲伤，只能坐在轮椅上由两个儿子服侍着完成悲恸的仪式（其左为蒋孝武、右为蒋孝勇）。蒋经国一生毁誉暂不能盖棺论定，但他之于台湾社会的意义自不用言说。重要人物悉数出席葬礼，左一是“行政院”院长俞国华，戴眼镜的是林洋港。林洋港身为出色的台籍政治人物却未得蒋经国提携任台湾地区领导人，引得外界颇为好奇

位于台湾五指山“国军示范公墓”的两蒋陵寝。

2004 年 1 月，蒋经国遗孀蒋方良与蒋丘如雪以全体家属名义，要求台“国防部”协助安排两蒋按照“国葬法”，移灵台北县五指山“国军示范公墓”。根据江浙一带的习俗，万一人死异乡又暂时未能归葬，可先以浮厝方式处理，以便子孙迁葬。据风水师所言，两蒋遗体因未能入土为安，才会祸延蒋家三代男丁早逝，留下孤儿寡母，若再不得安葬，厄运还将继续

年老的蒋方良抚摩着丈夫的铜像。
丈夫的过世，使蒋方良哀伤不已。但这样的创伤随着时光的远去，渐渐被冲淡和填平，化作一束束回忆的花朵，盛开在精神当中。蒋方良凝视丈夫的铜像，53 年的风雨岁月仿佛都凝结在这尊塑像中，悲喜化于无形，静静沉淀

2004 年 2 月，蒋方良火化后，移灵至桃园大溪头寮陵暂寝，由孙子蒋友柏（左）抱着祖母的遗照、蒋友松（右一）捧伞，一行人步入陵寝

2003年8月，蒋家在国民党中央党部为第五代“小玫瑰”蒋得曦办满月酒席，蒋家媳妇蒋方智怡（左二）带着长子蒋友柏（右二）、媳妇林恒怡（右三）、次子蒋友常（右一）、幼子蒋友青及才刚满月的蒋得曦在蒋介石遗像前全家一起亮相

2004 年，蒋友柏、蒋友常一起打篮球，身上的刺青还留着年少轻狂时的印记

第十四卷

我能忍，你们不能忍吗？

党内大佬重提恢复管制与“戒严”，蒋经国仅淡淡地回应：“我能忍，你们不能忍吗？”

1987年“双十节”，蒋经国首度坐轮椅出席了“双十节”阅兵大典，显示他的身体状况已在危重边缘。12月初，蒋经国因身体不适，第一次被救护车送进了荣总。医院要给他做检查，蒋经国却不愿意，住院休息了几天就硬撑着回七海。

医师诊断，蒋经国内脏功能受长期服用类固醇等药物影响，已大幅衰退。为安定人心，蒋经国固定每周三从七海赶赴参加国民党中常会，而且总是第一个到，好让侍卫在他人瞩目前推轮椅让他入座，但有时已撑不住繁重议程，在开会时短暂入眠。国民党也逐渐改为由中常委轮流主持会议。“油尽灯枯”，是他对医师抒发的感想。

蒋孝武还一度带着妻子回到七海探望父亲，蒋经国在病榻上交代，要他们兄弟“同情你们的母亲，她这一生，为这个家，牺牲了一切……”。蒋经国也说：“你们别看她不说什么话，其实她的心里，是一清二楚的。”据说，

◀ 虽然自己已是迟暮老人，蒋经国仍然习惯于在父亲的画像下读书思考，仿佛是为了重新聆听父亲的悉心教诲。两父子虽曾猜忌而相互试探，可终究是父子情深。此刻，他想到的也许是和父亲登高望远、一览山河的豪情，抑或是父亲短短的家书，里面写着：我三个月没有见你了，心里非常记挂。我今日看见人家小孩子，在大本营前空地放风筝，我更加想起你去年在城中放风筝的趣味，不晓得你今年在家有做风筝去放没有？我在抽屉里，找出两张画图贺年片来，一张是富贵花，一张是小孩游戏，其中也有放风筝的，所以寄给你白相，不晓得你快活么？

蒋孝武看到父亲如风中残烛，忍不住在七海跪下大哭，叩别了蒋经国。

医疗小组会诊的结果是蒋经国虽然身体状况恶化，但暂时没有致命之伤。他还出席了宋美龄受邀返台后首度在士林官邸举行的圣诞夜宴，蒋孝文夫妇、蒋孝勇夫妇、蒋纬国夫妇及子嗣，都到场欢度10年来首次由宋美龄主持的晚宴。

1987年12月25日，蒋经国不顾幕僚劝阻，坐着轮椅出席在台北中山堂举行的"行宪纪念日大会"，结果民进党在现场拉白布条、摔桌子抗议，要求废除大陆选出的"国大代表"，高喊"老贼下台"，这对蒋经国来说无疑是相当失面子的事。蒋经国当天有没有听到这些反对声音，没人肯定，他只是在离开会场前，特别转头深深地看了鼓噪的人群一眼。

蒋经国显然相当郁闷，他一直闷到10号在接见郝柏村时才说："一辈子为台湾如此付出，却在油尽灯枯时受此羞辱，真是于心何忍。"党内大佬重提恢复管制与"戒严"，蒋经国仅淡淡地回应："我能忍，你们不能忍吗？"1988年1月1日，台湾继解严之后，再度宣布解除报禁，街头各类刊物立刻应运而生。

蒋经国在病榻上还要求马英九持续推动资深"中央"民意代表退职方案。虽然许多资深民代反弹，要求未来选举增设大陆代表，避免影响法统，但蒋经国只问了马英九："民国三十八年十二月七日政府迁台当天，有没有对中国大陆的主权问题发表过任何政策宣示？"

经马英九确定当时国民党并未对在台政府的代表性做过任何声明之后，蒋经国裁示："'中华民国宪法'，就是'中华民国'的法统。依照'宪法'选出来的'中央'民意代表，就可以代表'中华民国'的法统，不必再增设大陆代表了。"蒋经国确定了"一个中国"原则的延续，也为之后的台湾大政方针，定下了最后的基础。

1988年年初这段时间，蒋经国身体略有好转，反倒是蒋方良身体不适又不愿就医。蒋经国特地陪她到荣总住院，与她做伴。1月12日，他去政战学校演讲，之后还和蒋方良游览关渡大桥。据蒋孝武观察，蒋经国夫妇的感情，“一切都在两眼对望就了然的尽在不言中”。

为安定人心，台湾“新闻局”当时还对外发布了蒋经国“健康如昔”的信息。但事实上，蒋经国在1月5日即对秘书王家骅口述了一些想法，并交代王家骅整理起来，以免他因身体不好而长眠不起。

1月13日上午，蒋经国原定要听取马英九与改革小组的充实“中央”民代机构项目报告。因前一晚睡眠不佳，上午起床后觉得恶心欲吐，所以没有吃早餐。待听完幕僚读报，又感到身体不适，因此官邸请到当天的值班医师姜洪霆、医疗小组召集人姜必宁来到七海帮蒋经国检查，又查不出个所以然，只能开胃药、打营养针，让他在家休息，蒋经国因而缺席了当天的国民党中常会。

中午以后，蒋经国没起来吃饭，蒋孝勇还进房间探视了一会儿，看他已入睡，便离开寓所。没想到中午12点左右，据副官翁元说，睡梦中醒来的蒋经国先问了儿女在哪里，又召神志不甚清明的蒋孝文来探视，但也没说什么。12时50分左右，蒋经国在病榻上作势要吐，接着大口吐出鲜血，连续几次后，蒋经国倒卧床上，没有留下任何一句话，再也没醒过来。

医疗小组虽立刻赶往卧房抢救，注射强心针，但已无法让蒋经国好转。蒋孝勇赶到现场后，跪下来磕了三个头，于下午3时50分决定放弃抢救，由他通知“行政院”院长俞国华、“参谋总长”郝柏村，蒋经国秘书王家骅则通知蒋孝武及秘书长沈昌焕、国民党副秘书长宋楚瑜与“五院”院长等人，党国大佬随后纷纷抵达七海。

蒋孝勇则前往士林官邸迎接宋美龄，约5点多钟抵达七海探视。宋美龄慰问伤心的蒋方良，并接见前来悼问的党政大员后，随即离开七海官邸。至于李登辉，则刚好在外有行程，听闻讯息，随即赶往七海。

由于蒋经国来不及留下遗嘱，蒋孝勇决定如蒋介石先例，临时由秘书王家骅代笔，依蒋经国先前于元月5日的口头交代，写出遗嘱，让“五院”

院长签字；虽然沈昌焕反对，但在蒋孝勇强调对民众不能没有交代的状况下，还是把遗嘱写了下来。其用纸也非“总统”用笺，而是一般民间常见的稿纸。

蒋方良也并未如蒋介石逝世的前例，以家属身份在遗嘱上签名，而是仅有李登辉、俞国华、倪文亚、林洋港、孔德成、黄尊秋、蒋孝勇的签名，并由王家骅署名谨记。

根据医疗小组日后公布的病情公报，蒋经国的死因是末期糖尿病引发的肠胃自主神经合并症，导致心脏因大量内出血而停止跳动。经现场人士商议后，当天晚上 8 时，国民党召开临时中常会，确定并宣布蒋经国遗缺由李登辉继任，并由“司法院”院长林洋港监誓。台湾从此步入了后蒋时代的新纪元。

蒋经国逝世，余波荡漾

蒋经国身后，争议并没有减少，反而因为强人消失，导致各种冲突不断。就家事而言，由于蒋经国卧病多年，始终没有听说曾立遗嘱，因此蒋经国到底有无遗嘱，甚至有无意愿留遗嘱，都成了“罗生门”。尤其遗嘱中家属签名系由蒋孝勇代签，也引发当时人在海外的蒋孝武的不满，回台后甚至与蒋孝勇酿生不悦，质疑蒋经国之死是否因医疗疏失。学界也曾质疑蒋孝勇把蒋经国晚年文件与日记自行保留的做法。

倒是据章孝严转述，早在蒋经国过世后隔天，蒋孝勇驾车载着秦孝仪赴头寮勘察陵寝，秦孝仪在车上告诉蒋孝勇，蒋经国过世前曾嘱咐他与俞国华，希望让章孝严、章孝慈兄弟认祖归宗。因此 16 日晚间，蒋孝勇即带领章孝严兄弟赴荣总怀恩堂，向蒋经国遗体行大礼，兄弟三人泣不成声，前后长达六分钟。

蒋经国去世，有民众抱着他的遗像痛哭流涕

政事方面，蒋经国故去后，移灵荣总怀远堂，随后则移往忠烈祠供各界瞻仰。他的遗体着黑色长袍马褂，脚穿软底布鞋，放在有亚克力顶盖的灵柩中供民众瞻仰。在他刚过世的 13 天里，李登辉每天上班前，都会到他灵前祭拜。毕竟以当时的形势，李登辉虽已继任，但蒋家势力仍在，他难保不是下一个严家淦，攻防关键就在李登辉是否能顺利接任国民党代理主席之职。

七海官邸固然已随蒋经国步下政治舞台，士林官邸却在集结最后一击的努力。据蒋孝勇的说法，当时住在士林官邸的宋美龄，受到宋蔼龄子女等孔家势力影响，主张国民党无须选出代理主席，由中常委轮流主持中常会之集体领导模式即可。

在官邸派鼓吹下，90 岁高龄的宋美龄于 1 月 26 日通过蒋孝勇写了封专函给国民党秘书长李焕，落款用毛笔写着“蒋宋美龄”。官邸派主张，按党章，中常会无权推举代理主席，应延到当年 7 月党内十三全会再议。据说蒋孝勇同样向当时的“行政院”院长俞国华转达了相关看法。

李焕随即致电俞国华与“中时报系”负责人、国民党中常委余纪忠。余纪忠力主如期提出；俞国华则认为丧事未毕前的确不宜处理继任问题，

1988 年冬日，蒋经国的逝世更带来寒意与萧索。香港演艺界人士集体赴台以表哀思。左起：郑裕玲、冯宝宝、黄百鸣、袁洁莹；右侧六人中，右一为张学友，中为周润发，右五为钟楚红。蒋经国的逝世让民众错愕而悲伤，临终前的他神志不清地呼唤儿女，最终口吐鲜血，未留下任何遗言即撒手归西

决定 27 日中常会不提代理主席一事，等蒋经国奉厝后再提。据说中常会前深夜两点，蒋孝勇还代表宋美龄从士林官邸致电支持李登辉继任代理主席的李焕，询问代理主席暂搁一事是否确定，官邸亦与各中常委通气，希望支持暂搁案，因此中常会当天气氛诡异。

问题在于，两蒋都已步下人生舞台，蒋经国又说过蒋家不会再有人参选，多数国民党中常委认为李登辉代理主席毋庸再议，以赵少康为首的 39 名国民党籍青壮派立委更联署声明公推李登辉代理党主席。

在中常会上，时任国民党副秘书长、仅有出席而无发言资格的宋楚瑜临门一脚，质疑俞国华为何迟迟不讨论李登辉代理主席案，他甚至说："我以一个党员的立场，对俞国华同志今天这样表现感到非常失望，现在我就退席！"言毕扬长而去。在压力下，国民党中常会无异议通过代理主席案，台湾正式步入后蒋时代，也开启了国民党流派之争。

移灵头寮

初上任的李登辉羽翼未丰，尊蒋还是他的重要战略，因此蒋经国的葬礼也办得相当风光，并于元月 30 日举行奉厝大典后移灵头寮。大致比照蒋介石先例办理，国民党政府还发布紧急处分令，在此期间禁止游行集会与请愿活动。只是蒋经国向来以俭朴亲民著称，比起蒋介石的排场还是明显逊色了许多。

蒋经国去世次日，时任"参谋总长"的郝柏村与"联勤"总司令温哈熊等人前往大溪，与蒋孝勇选择奉厝地点。当时蒋孝文卧病已久，蒋孝武又因江南案牵连，被远派新加坡任副代表，因此选择陵寝由蒋孝勇主事。

据说，当时角板山复兴山庄、后慈湖、前慈湖警卫营舍及头寮宾馆等地，都曾被考虑为奉厝灵榇的地点。但复兴山庄距慈湖太远，交通不便；

后慈湖缺乏适当出入道路及奉厝宅邸；前慈湖边三层楼警卫营舍虽地点适中，但过于简陋。所以最后才择定位于北横公路旁、格局和地理位置与慈湖陵寝相近的头寮宾馆。

据章孝严的说法，蒋孝勇在蒋经国过世后曾向他透露，蒋经国其实希望死后一如他的恩师吴敬恒般火化，再将骨灰分撒各地，而非觅地下葬。只是兹事体大，并非蒋家一家的私事，所以劝蒋经国暂搁，蒋经国对此默然不语。蒋孝勇之后也未照办。

蒋经国过世后，情绪最不稳定的蒋孝武对父亲逝世感触最深，同时对蒋方良未受应有尊重和照顾颇感不平。据民进党“立委”康宁祥说，蒋经国逝世后，蒋孝武对若干围绕蒋家数十年的党政军人士，乃至某位“外交”大佬冷言冷语，颇感不平，甚至说：“我不再要他走入我家里。”

蒋孝勇也未遑多让。1988 年 3 月间，蒋经国尸骨未寒，当时担任“立委”的陈水扁之妻吴淑珍提出紧急质询，质疑蒋孝勇“利用人头筹组公司，转包工程、炒地皮、拿回扣，极尽特权之能事”，要求筹组项目小组追查蒋孝勇涉嫌介入工程议价之事。同年，在蒋孝武缺席状况下，章孝严、章孝慈、蒋孝勇均以高票当选国民党第十三届中央委员，不过蒋孝勇对于这个伤心之地，已无意长留，决定离开台湾，长居海外。

章孝严几番以大哥身份自居的发言，虽然被外界解读为认祖归宗的美事，却让身在七海的蒋方良因蒋经国私生子一事更显伤心，至此蒋孝勇鲜少再提认祖一事。反倒是蒋孝武与章孝严关系越加密切，还曾邀请章孝严全家到新加坡一同过年。

至于无力回天的宋美龄已不问政事，除偶尔上荣总看牙外，平时得空多以查经、看书消遣，有机会也外出探望老友，更有意返美定居，但 1989 年 1 月 1 日一场大病，却拖延了宋美龄的打算。当时她高烧不退，送荣总急救，却又出现过敏症状，体力衰弱，无法起床，最后开刀取出肿瘤才渐渐恢复正常。

李登辉主政后，国民党路线摇摆不定，渐在统一立场上模糊以对，引发国民党党内不满。党内反对人士集结为“非主流”势力，公推林洋港与蒋纬国为首，希望与结合国民党本土派势力的李登辉抗衡，角逐领导人大位。但最后在蒋彦士、宋楚瑜等人运作下，加上蒋孝武公开从日本返台挺李，发布公开信要求蒋纬国信守蒋经国生前所提“蒋家不会再有人参选”的承诺，“非主流”终成泡影，蒋纬国败兴而归。

宋美龄虽没多说什么，但据官邸侍卫回忆，之后蒋孝武多次赴官邸，宋美龄均很少接见。连蒋孝武在荣总意外过世，宋美龄也没有任何说法。

亲人接连病故，加上病痛缠身，1991 年 9 月 21 日，宋美龄告别了停留五年的台北，赴慈湖谒灵后，搭乘波音 747SP 型长程客机改装专机，返回纽约疗养。这是她生前最后一次在士林官邸长住，也被视为蒋家在政坛影响力的正式结束。国民党内反李势力逐渐成为柔性“清党”的对象，促成新党自国民党分裂出走。

奉安大陆争议

蒋孝勇、蒋纬国等人几乎都与李登辉关系紧张。陈水扁任台北市市长后，锁定打击对象就是蒋纬国在外双溪的别墅，打着对抗蒋家权贵招牌说拆就拆，同样让蒋家感到窘迫。

1996 年 10 月 24 日，李登辉将原先的“蒋经国先生办公室”移至大溪陵寝，依原有陈设布置“蒋经国先生纪念室”，供民众参观。加上他违反与宋美龄的协议，将关乎蒋介石毕生重要记录的大溪档案对学者公开，更引发了蒋孝勇的不悦。也就在此时，爆发了暗潮汹涌的移灵风波。

原来蒋介石过世后虽然有隆重的告别仪式，但根据江浙一带习俗，万一人死异乡而又暂时未能归葬，可先以浮厝方式处理，亦即将灵柩垫高暂厝，以便子孙迁葬。两蒋正是以这种方式暂时处理了灵柩问题，亦即把遗体放置在陵寝内的大理石棺椁中，并没有正式下葬。

蒋介石过世后，家中事务仍由宋美龄做主，当时并未提到移灵问题。直到廖承志在《人民日报》发表给蒋经国的公开信，才首度提及移灵问题，并指蒋经国曾言，“切望父灵能回到家园与先人同在”，因此主张蒋介石在慈湖暂厝的灵柩，“统一之后，即当迁安故土，或奉化，或南京，或庐山，以了吾弟（蒋经国）孝心”。但由于蒋经国决定对信函置之不理，因此让第一次的移灵风波无疾而终。

蒋经国逝世前预先交代，希望死后有机会迁葬母亲毛福梅墓前，生生世世陪伴母亲。但 1988 年的猝逝与两岸关系的紧张，让蒋经国无从做更多安排，也只能随父制暂厝在头寮宾馆。只是基于民进党气焰越来越高，李登辉统独路线摇摆不定，加上两蒋第三代纷纷凋零，不少人质疑两蒋迟迟不下葬对风水有碍，长此以往，蒋家后人将不得安宁。是以蒋孝勇与蒋纬国终于在 1996 年再度提出移灵大陆安葬的构想。

相关消息曝光后，立刻成了敏感的政治议题。事实上，不少国民党旧臣都担忧，一旦民进党“执政”，两蒋陵寝将成为报复清算的斗争对象，更可能被人拆陵鞭尸，不如及早迁回大陆。只是没想到这个烫手山芋的影响实在太大，各方应变不及。不少人士更担心，此时两蒋迁葬等于割断了联系两岸间的重要脐带，反而不利两岸发展。

当时不但李登辉积极运作，发动国民党全力留人，强调两蒋移灵兹事体大，不可轻率决定，时任国台办主任的唐树备也发表公开谈话，表示欢迎两蒋灵柩迁回大陆安葬，但时间应到两岸统一之后，且墓地选址也不是在南京钟山，而是浙江奉化溪口等其他地方。几经磋商，蒋纬国才收回成命，将移灵问题暂时拖了下来。不久，蒋孝勇与蒋纬国也先后辞世，移灵问题随之高搁。

蒋方良寂寞向晚

蒋经国过世时，蒋方良因为心脏病病情严重，在医生建议下留院观察，所以没见蒋经国最后一面。之后来七海探望蒋方良的政客、朋友也越来越少。紧接着蒋孝文、蒋孝武先后病逝，蒋孝章、蒋孝勇又长居海外，蒋方良将自己完全禁锢在七海官邸中独坐，没有笑容，心情落寞。有好几年，蒋方良不看病、不见客，整天待在屋子里。尤其1996年蒋孝勇病逝，蒋方良再度走向由大直赴荣总的伤心路，更显得孤单。

在蒋经国多年的俭朴克难作风之下，蒋经国与蒋方良从来没有想到要为自己买些产业，手边积蓄也不多，以致她在晚年只靠抚恤金过活，生活条件已相当差。自1937年随丈夫到中国后，蒋方良未再见到故乡山水，也有人劝她回乡散心，但最后还是因阮囊羞涩而作罢。

蒋方良最喜欢造访的地方是基隆八斗子。当地渔民为感谢蒋经国，特地在海边立了尊笑容可掬的铜像，蒋方良不时前往缅怀。一年三节和忌日，她都会前往头寮凭吊，在陵寝前静思良久。

其后，民进党去蒋风起云涌，陈水扁不但拆掉蒋纬国位于外双溪的别墅，还一度打算将大直海军总部内一大片池塘“四海潭”和周边划为公园，并纳入蒋方良所住的七海官邸，差点把蒋方良“扫地出门”，经军方力争才保住。当时蒋方良甚至担心地说，如果七海要被收回，“我只能住到头寮去了”。

2000年陈水扁当选，初期主打中间路线，慈湖、头寮保存如故。2004年1月27日，蒋方良与蒋纬国遗孀蒋丘如雪共同具名盖章，写信给“防务部”部长汤曜明，希望让两蒋安厝至汐止五指山“国军示范公墓”，为两蒋移灵或奉安问题提出新说法。

当时正值2004年大选前夕，“连宋配”一路看好，宋美龄则在美国亡故，因此蒋家以不愿续耗台湾财力、物力并履行两蒋勤俭作风为由，提出让两蒋入土为安的构想，以突显两蒋毕生以部属、军中同袍为重的精神。当时蒋方良还指定蒋纬国之子蒋孝刚为家属联系窗口，与“国防部”配合。

2004年12月底，蒋方良走完孤单的人生路，遗体火化后移往头寮暂厝，七海陷入无声的寂静。与此同时，“三一九”两颗子弹改变了整个局势，蒋家自然也让迁葬念头冷了下来。反倒是陈水扁兴致勃勃地指示军方尽速办理，因此台湾“防务部”迅速编列新台币2700万元预算打造五指山墓园两蒋墓区，号称“蒋陵”；并成立高阶人士组成的移灵奉安筹备委员会，准备大张旗鼓地把两蒋安葬之事搞定。

没想到一场大雨让通往陵寝的唯一道路发生了50年来仅见的泥石流，花了10天才把道路打通，提案移灵的徐乃锦突然重病住院，四个月后离开人世。之后更因蒋家内部意见不一，已经更名的蒋孝严要求两蒋移灵不要在民进党“执政”时代举办，导致已完工的蒋陵延宕闲置至今。

2006年7月间，马英九主政下的台北市政府，通过与蒋徐乃锦联系和

2008年1月9日，马英九在“台湾路——蒋经国的旅程”文物特展开幕式上客串导览人员，向媒体介绍展览上当年自己参与活动的一幅照片，回忆当时的情况。
自1982年起，马英九开始担任蒋经国的秘书，负责传译工作并处理英文函电。如今的马英九回忆起传译工作中的小插曲：“记得第一次上阵，我有点紧张。走到经国先生与外宾之间的小板凳坐下的时候，因为身材较为壮硕，膝盖顶到小茶几，差一点把茶杯撞翻。我当时尴尬得不得了了，心想第一天上工就出状况，真不好意思。后来秘书室卢守忠主任告诉我，经国先生特别交代他把小茶几与板凳间的空间拉开一点，以容纳这位新来的胖秘书！”回忆此景，马英九忍俊不禁

专家鉴定后，宣布将蒋经国长年居住的七海官邸列为古迹，并正名为“七海寓所”。2007 年 7 月，郝龙斌接任台北市市长，将七海改为蒋经国图书馆作为纪念。

数年后，马英九重新助国民党拿回“政权”。这位蒋经国当年的英文秘书在《怀念蒋经国先生》一文中有如是评价：“我们可以说经国先生是一位威权时代的开明领袖，他一方面振兴经济、厚植‘国力’，一方面亲手启动终结威权时代的政治工程。我们崇敬他，就因为他能突破家世、出身、教育、历练乃至意识形态的局限，务实适应变局，进而开创新局，在这个意义上，他的身影，不仅不曾褪色，反而历久弥新。”

蒋经国自警

※

只要我们能够打破生死的大关，那还有什么敌人不能打败？还有什么困难不能克服？还有什么事业不能成功？

※

身体没有灵魂是死的，信心没有行动也是死的。

※

除了物质上有贪污的罪犯以外，还有一种与物质贪污同样严重的，就是“精神贪污”。什么叫精神贪污呢？例如说：有一件事当做而不去做，只是应付、敷衍、欺骗，这便是精神贪污。

※

官是做得尽的，钱是用得完的。只有做人的道理做不完，人与人间的情感是用不竭的。

※

青春的涵义，乃是指具有一种勇往直前、冒险患难、牺牲奋斗的精神，舍弃安乐意豫与放辟邪侈的生活，寻求福国利民的目标，淬砺蓬勃焕发的朝气，追求“不虚此生”的人生。能乎此，耄耋期颐，犹是青春；背乎此，不问他如何年轻，还不是棺木外的行尸走肉而已。

※

经不起现实考验的人，不管他能写多好的文章，讲如何动听的话，不但没有实用，犹恐自欺欺人，自误误“国”。

※

真正的快乐，就是思想所得到的自由，自己能找到真理与光明，为国为民，问心无愧。

※

一粒麦子不落在地里死了，仍旧是一粒；若是死了，就结出许多籽粒来。

※

只有受过冤枉、毁谤、虐待的，才知道保持镇静是需要何等大的力量。

※

伟大的革命工作，绝不是在风平浪静中成就，而是在翻山倒海中完成。把不住舵，耐不得烦，沉不着气，受不得诱惑，碰不得钉子，挨不住刺激，所以经不起考验。

※

父母生下我们，活在世界上，纵然不能为人类谋幸福，但起码不要负债，特别是负精神的债。

※

做官的莫进来，发财的请出去。

※

人者，心之器，心是身体的主宰，战胜自己，就在我们如何来克制这一颗心，把这颗心克制得干干净净。

※

如果开了会没有决议，或者有了决议，没有执行，同样都是浪费自己的时间、浪费公家的时间、浪费公帑，都是有亏职守的不道德行为。

※

人爱人在中国人的眼睛里，是一种懦弱的表示，这就是中国所以衰弱、所以落后的最大的原因。

※

一个人有了良好的性格，有了好胜的心，但是没有学问，不知道革命斗争的方法，这又有什么用呢？所以，我们更要紧的是求得丰富广博的知识，因为知识就是革命的工具、革命的方法。

※

教育是“国家”建设各种力量的来源，是国家的根本。

※

自己的国家自己救，自己的道路自己开。

※

清清白白地做人，认认真真地做事。

※

牺牲享受，享受牺牲。

※

要打倒外来的敌人，必先肃清内部的敌人。

※

以公仆观念，来加强为民服务，完全革除官腔官调、高高在上、令人生厌的衙门气息。

※

海如果要变，我们无法使它不变；环境如果要变，我们亦无法使它不变。但是我们必须在任何变动中，坚持理想，站稳脚跟，不随风转舵，不东倒西歪。我们应该紧握着舵柄，朝着既定的方向，乘风破浪，勇敢前进。否则，我们即将在狂风急浪中遭遇到可悲的失败和可怖的毁灭。

※

在奋斗的过程中，没有谁是应该成功的，亦没有谁是应该失败的。成败的关键，在于我们走什么路，朝什么方向走，以及如何走。

※

我们是在做事，而不是演戏；所以人人应该实事求是，埋头苦干，绝不能徒求表现而无补实际。

※

有清白的政治，才有清白的社会；有清白的社会，才有诚心诚意的大团结。

※

让我们对历史有所交代，让我们对自己的良心也有所交代。

※

物质生活的好坏，没有法子比较，好的还有更好的，坏的还有更坏的。精神生活的好坏，却是很容易分辨的，对的是好的，错的是坏的。

※

时代在变，环境在变，潮流也在变，党必须以新的观念、新的做法，在民主宪政体制的基础上推动革新措施。

※

我活着时都不讲究住屋，怎会为死后坟墓打算？无聊，不去理它！

※

老百姓就是希望安定，为政者要尽量满足老百姓的需求，老百姓感到满足，国家才会安定。

聚会席间，朋友们起哄，两人一点不忸怩，大方接吻，博得在座掌声与欢笑连连。蒋经国与蒋方良留下许多接吻、相拥的照片，大概是台湾领导人中最为开放的一对了

PRESS

孙儿们陪祖父游览阳明山。

虽说外界传闻孙儿们个个淘气乖戾，惹是生非，但在祖父面前依旧是乖巧懂事的样子。两个孙子一左一右搀着祖父，手里还牵着他的爱犬，后面跟随着贴身侍卫。即使在家，蒋介石身边也总有这么一群小跟班，可见蒋家是人丁兴旺。只是在这众多孙子中，没有一个能够继承家业

本书在编撰过程中的参考书目。

谨此对以下作者与出版机构鸣谢。

- 《钱复回忆录》，天下文化，2005
- 《1949 大流亡：美国外交档案密录》，王景弘，玉山社，2011
- 《采访历史：从华府档案看台湾》，王景弘，远流，2000
- 《蒋介石父子1949危机档案》，王丰，商周出版，2008
- 《蒋介石死亡之谜》，王丰，博扬，2006
- 《蒋经国情爱档案：蒋经国及子女爱情秘录》，王丰、翁元，博扬，2006
- 《蒋经国晚年身影》，张祖诒，天下文化，2009
- 《蒋经国传》，陶涵，时报文化，2009
- 《蒋经国的一生和他的思想演变》，茅家琦，台湾商务，2003
- 《蒋经国与章亚若》，周玉蔻，联经， 1990
- 《蒋经国评传：我是台湾人》，漆高儒，正中书局，1998
- 《温哈熊先生访问纪录》，“中央”研究院近代史研究所，1997
- 《杭立武先生访问纪录》，王萍、官曼莉，“中央”研究院近代史研究所，1990
- 《蒋中正迁台记》，陈锦昌，向阳文化，2005
- 《孔二小姐秘录》，王丰，慧众文化，1994
- 《我在蒋介石父子身边的日子》，翁元、王丰，圆神，2001
- 《蒋家恩仇录》，王丰，时报文化，1997
- 《君自故乡来——一些金门人・金门事》，杨肃民，秀威，2001
- 《士林官邸三十年——陈宗璀回忆录》，陈宗璀，麦田，1996
- 《蒋中正“总统”五记》，黄自进、潘光哲，“国史”馆，2011
- 《楚崧秋先生访问记录：览尽沧桑八十年》，“中央”研究院近代史研究所，2001
- 《熊丸先生访问纪录》，“中央”研究院近代史研究所，1998
- 《阳明书屋今昔与人文变迁调查研究》，陈仪深，阳明山“国家公园”管理处委托研究案，2004
- 《1949浪淘尽英雄人物》，林博文，时报文化，2009
- 《1949石破天惊的一年》，林博文，时报文化，2009
- 《跨世纪第一夫人宋美龄》，林博文，时报文化，2000
- 《一片祥和日月长——报人曹圣芬》，曹圣芬，开元，2002

- 《郝总长日记中的经国先生晚年》，王力行，天下文化，1995
- 《八年参谋总长日记》，郝柏村，天下文化，1999
- 《见证台湾：蒋经国“总统”与我》，李登辉、“国史”馆，允晨文化，2004
- 《张学良与赵一荻的清泉幽禁岁月1946—1960》，张闾蘅、张闾芝、陈海滨，联经，2011
- 《追随半世纪——李焕与经国先生》，林荫庭，天下文化，1998
- 《蒋经国传》，江南，利源书报社，1985
- 《蒋经国先生建设新赣南追记》，刘景星，幼狮，2001
- 《蒋经国上海打虎记：上海经济管制始末》，王章陵，正中，1999
- 《蒋经国在莫斯科》，彭哲愚、严农，中原，1987
- 《王升与国民党：反革命运动在中国》，Thomas A. Marks，时英，2003
- 《王升：险夷原不滞胸中》，尼洛，世界文物，1995
- 《成败之鉴：陈立夫回忆录》，陈立夫，正中，1994
- 《千山独行：蒋纬国的人生之旅》，汪士淳，天下文化，1996
- 《蒋纬国口述自传》，中国大百科全书出版社，2008
- 《1949大撤退》，林桶法，联经，2009
- 《点滴在心头：42位身边人谈二位蒋“总统”》，陈秋美、朱秀娟，天下文化，1995
- 《宁静中的风雨：蒋孝勇的真实声音》，王力行、汪士淳，天下文化，1997
- 《蒋家门外的孩子：蒋孝严逆流而上》，蒋孝严，天下文化，2006
- 《克莱恩与台湾：反共理想与理性之冲突和妥协》，涂成吉，秀威，2007
- 《夏功权先生访谈录》，张聪明，“国史”馆，1995
- 《蒋公与我：见证中华民国关键变局》，汪士淳，天下文化，2003
- 《雷震回忆录之新党运动黑皮书》，雷震，远流，2003
- 《迁台初期的蒋中正》，黄克武，中正纪念堂管理处，2011
- 《风雨中的宁静》，蒋经国，黎明文化，1981
- 《找寻真实的蒋介石：蒋介石日记解读》，杨天石，山西人民出版社，2008
- 《找寻真实的蒋介石：蒋介石日记解读II》，杨天石，华文出版社，2010
- 《寻求历史的谜底：近代中国的政治与人物》，杨天石，中国人民大学出版社，2010
- 《郝柏村解读蒋公日记：一九四五~一九四九》，郝柏村，天下文化，2011
- 《无愧：郝柏村的政治之旅》，王力行，天下文化，1994
- 《我所知道的蒋经国》，克莱恩，联经，1990
- 《陈诚先生回忆录——六十自述》，何智霖，“国史”馆，2012
- 《周联华回忆录》，周联华，联合文学，1994
- 《劲寒梅香：辜振甫人生纪实》，黄天才、黄肇珩，联经，2005

图书在版编目（CIP）数据

蒋经国画传 / 师永刚，方旭编著 . -- 长沙：湖南文艺出版社，2013.8
ISBN 978-7-5404-6234-5

Ⅰ. ①蒋… Ⅱ. ①师… ②方… Ⅲ. ①蒋经国（1910 ~ 1988）—传记—画册 Ⅳ. ① K827=7

中国版本图书馆 CIP 数据核字（2013）第 132957 号

上架建议：人物传记

全书图片统筹、参与撰写：王莹、大伟。书中图片部分由《生活》杂志、“中央社”、台湾国民党党史馆、《中国时报》、CDF、《明报》、冯昭、方旭拍摄，提供。特此鸣谢。

蒋经国画传

编　　著：师永刚　方　旭
出 版 人：刘清华
责任编辑：薛　健　刘诗哲
监　　制：蔡明菲　潘　良
特约编辑：汪　璐
营销编辑：孙玮婕
装帧设计：陆智昌
内文排版：百朗文化
出版发行：湖南文艺出版社
（长沙市雨花区东二环一段 508 号　邮编：410014）
网　　址：www.hnwy.net
印　　刷：北京市雅迪彩色印刷有限公司
经　　销：新华书店
开　　本：787mm × 1092mm　1/16
字　　数：278 千字
印　　张：23.5
版　　次：2013 年 8 月第 1 版
印　　次：2013 年 8 月第 1 次印刷
书　　号：ISBN 978-7-5404-6234-5
定　　价：48.00 元
（若有质量问题，请致电质量监督电话：010-84409925）